Megan Fate Marshman

Endlich Schluss mit dem Mangel – Zeit für Fülle

MEGAN FATE MARSHMAN

ENDLICH SCHLUSS MIT DEM MANGEL

Zeit für Fülle

Aus dem amerikanischen Englisch von Renate Hübsch

SCM
R.Brockhaus

SCM

Stiftung Christliche Medien

SCM R.Brockhaus ist ein Imprint der SCM Verlagsgruppe,
die zur Stiftung Christliche Medien gehört, einer gemeinnützigen Stiftung,
die sich für die Förderung und Verbreitung christlicher Bücher,
Zeitschriften, Filme und Musik einsetzt.

MIX
Papier | Fördert gute Waldnutzung
FSC® C014496

Übersetzung: Renate Hübsch
Lektorat: Cordula Orth
Umschlaggestaltung: Andreas Sonnhüter; grafikbuero-sonnhueter.de
Autorenfoto: © 2015 Michelle Anthony and Megan Marshman
Satz: typoscript GmbH, Walddorfhäslach
Druck und Bindung: GGP Media GmbH, Pößneck
Gedruckt in Deutschland
ISBN 978-3-417-01011-4
Bestell-Nr. 227.001.011

Für meinen Sohn Foster.
Dein Vater und ich lieben dich sehr.

»Gott hat uns nicht einen Geist der Furcht gegeben,
sondern einen Geist der Kraft,
der Liebe und der Besonnenheit.«

2. Timotheus 1,7

Inhalt

Danksagung

Ich möchte mich bedanken …

Bei meinem Mann Randy. Du hast meinem Vater versprochen, dass du mich nie bei meinen Vorhaben zurückhalten würdest. Danke, dass du dieses Versprechen gehalten hast. Dieses Buch gäbe es nicht, wenn du mich nicht dazu ermutigt hättest, mehr zu tun, als ich mir je hätte träumen lassen.

Bei meiner Mutter, die ein lebendes Beispiel dafür ist, was Selbstlosigkeit bedeutet; bei meinem Vater, der immer ein Mensch war, wie ich gern einer werden wollte; bei meiner Schwester Kimi, die mein größter Fan ist und so lebt, dass ich inzwischen auch ihr größter Fan bin; und bei Dan und Shirley, die mich ganz bewusst und unendlich unterstützen.

Bei meiner Partnerin in meinem Einsatz für Gott, Michelle Anthony, einer Pionierin, zu der ich aufschaue. Danke, dass du an mich glaubst und mir vorlebst, wie man die Stimme Gottes erkennt und weitergibt.

Bei meiner Glaubensgemeinschaft, mit der mich die leidenschaftliche Suche nach Gott verbindet. Beim Team von David C Cook (insbesondere bei Verne, Alice, Matt, Chris, Cynthia, Michele, Byron, Dave, Annette, Rachael, Diane, Susan und Nick) für eure

Partnerschaft und euer Engagement, den Gemeinden fundierte Ressourcen zur Verfügung zu stellen, damit Menschen zu Jüngern Jesu werden, damit sie lernen können, was Nachfolge bedeutet, und zu Menschen werden, die im Gehorsam die Generationen von heute verändern.

Bei Jeff Gerke: Meine Dankbarkeit für deinen professionellen Rat, dein Talent, deine Leidenschaft, deine Gaben und deine Unterstützung bei der Erstellung dieses Manuskripts lässt sich in Worten nicht angemessen ausdrücken.

EINFÜHRUNG

Leerlaufen

Ich habe einen Becher.

Das ist bildlich gesprochen. Mein Becher enthält Liebe. Liebe für andere, Liebe für mich selbst.

Du hast auch einen Becher.

Als Kind lief ich herum und ließ aus meinem Becher Liebe auf alle überschwappen, die mir begegneten. Ich habe es schon immer geliebt, Menschen zu lieben.

Es gab ein einziges Problem mit meinem Becher: Wenn ich die Liebe darin verteilt hatte, war mein Becher leer, und ich hielt ihn nun anderen Menschen hin, damit ihre gute Meinung über mich meinen Becher wieder füllte. Wenn andere mich mochten, *fühlte* ich mich gefüllt. Ich füllte meinen Becher mit ihren guten Meinungen, und ich dachte, das würde mich zufriedenstellen. Wenn andere mich mochten, mich schätzten, mich beachteten oder meine Gesellschaft suchten, *fühlte* ich mich erfüllt.

WENN ICH DIE LIEBE DARIN VERTEILT HATTE,
WAR MEIN BECHER LEER.

Und es hat funktioniert. Für eine Weile ... gerade so weit, dass ich immer mehr davon wollte.

Aber ich stieß auf ein Problem: Was passiert, wenn die anderen mich nicht bemerken? Wenn sie meine Bemühungen nicht zu schätzen wissen? Wenn ich feststellen muss: Ich halte meinen leeren Becher Menschen hin, die mir ihrerseits ihre leeren Becher hinhalten?

Was mich betrifft: Ich habe nicht aufgehört, meinen Becher anderen hinzuhalten, als ich erwachsen wurde. Es schlich sich in meine Ehe ein, und schließlich hielt ich meinen Becher hin, damit mein Sohn ihn füllte. Und wie du dir vielleicht denken kannst (oder aus eigener Erfahrung kennst) – durch all dieses Herumlaufen und Meinen-Becher-Hinhalten wurde ich nur noch leerer.

DURCH ALL DIESES HERUMLAUFEN UND MEINEN-BECHER-HINHALTEN WURDE ICH NUR NOCH LEERER.

Vielleicht verstehst du dieses Herumlaufen und weißt, wovon ich spreche. Vielleicht fragt dich jemand, wie es dir geht, und du antwortest: »Gut« oder »Super!« Aber es geht dir nicht wirklich gut. Du fühlst dich leer.

Ich kenne viele Menschen, denen es so geht. Während ich dies schreibe, denke ich vor allem an eine Freundin, die versucht, sich mit der Liebe aus ihrem Becher davon zu überzeugen, dass sie gut genug ist. Dass sie es bringt und dass sie etwas wert ist. Dass sie es wert ist, Sauerstoff zu verbrauchen und Raum auf diesem Planeten zu beanspruchen.

Von klein auf steckt in ihr diese Befürchtung, dass sie vielleicht keine Liebe verdient. Die anderen waren in Ordnung, aber sie nicht. Sie ... sie war nur provisorisch, nur vorübergehend für das Leben zugelassen. Solange sie den Menschen gefiel und Beeindruckendes leistete, glaubte sie, dass sie eine Existenzberechtigung hatte. Aber wenn ihr etwas nicht gelang oder wenn es lange her war, dass sie etwas Bemerkenswertes zustande gebracht hatte, stiegen wieder Selbstzweifel in ihr auf. Heftige Selbstzweifel.

Die ganze Zeit über wusste sie nicht, dass sie diesen metaphorischen Becher hatte, von dem ich spreche. Diese Erkenntnis kam erst viel später. Sie wusste nur, dass sie sich manchmal gut fühlte, aber nicht oft genug. Meistens fühlte sie sich entweder nicht gut oder war gerade im Begriff, sich nicht gut zu fühlen. Sie war zutiefst verunsichert und versuchte immer wieder, dieses Alles-ist-in-Ordnung-Gefühl wiederzufinden.

Sie hatte den Eindruck, dass ihr Becher, auch wenn sie ihn nicht als Becher betrachtete, irgendwie ausgelaufen war, und sie wusste nicht, was passieren würde, wenn sie ihn nicht schnell wieder auffüllen konnte; aber sie wusste, dass es schlimm sein würde. Sie brauchte ein neues Passwort für ihr Leben, genau wie gestern, und die einzige Möglichkeit, die ihr dazu einfiel, war, Liebe von anderen einzufordern.

SIE BRAUCHTE EIN NEUES PASSWORT FÜR IHR LEBEN, GENAU WIE GESTERN, UND DIE EINZIGE MÖGLICHKEIT, DIE IHR DAZU EINFIEL, WAR, LIEBE VON ANDEREN EINZUFORDERN.

Diese Freundin ist in einer christlichen Gemeinde aufgewachsen. Sie wusste also von klein auf, dass Gott Liebe ist. Sie wusste von klein auf, dass er möchte, dass wir anderen Menschen viel Liebe schenken. Sie war überzeugt, dass es ihr ganz und gar um die anderen ging, wenn sie etwas von ihrer eigenen Liebe in ihren Becher füllte und an andere verteilte – und sie merkte gar nicht, dass sie es hauptsächlich deswegen tat, um selbst ein bisschen Liebe zurückzubekommen. Sie umarmte jemanden, damit er ihre Liebe *spürte*.

Sie tat viel für andere, damit man ihre Liebe *sah*. Sie engagierte sich in ihrer Gemeinde, damit die Menschen *verstanden*, wie groß ihre Liebe war. Spritz, spritz, spritz – Liebe, Liebe, Liebe.

Und dann, wenn sie ihre Liebe für andere verteilt hatte, hielt sie ihnen ihren leeren Becher hin und wartete. Hoffnungsvoll. Sehnsüchtig. »Bitte füllt auch meinen Becher! Ich habe gegeben, jetzt müsst ihr zurückgeben. Das ist die Regel. Ich brauche es, dass ihr mich wahrnehmt, mich schätzt, mich akzeptiert. Bitte gießt die Anerkennung in mein Leben, die ich brauche. Und morgen machen wir das dann wieder genauso. Ich bin ja so durstig. Bitte liebt mich!«

Manchmal funktionierte es. Die Leute erwiderten ihre Liebe. Und dann fühlte sie sich großartig ... eine kurze Zeit lang. Oder sie hatte Erfolg, leistete oder erreichte etwas, und die Leute gratulierten ihr. Ein tolles Gefühl ... einen Tag lang. Wenn sie die Beste war – oder *zumindest besser als ...* –, fühlte sie sich erfüllt. Wenn sie andere beeindruckte oder mehr Follower in den sozialen Medien hatte als jemand anders oder eine Auszeichnung erhielt, hatte sie das Gefühl, dass sie den Kontrolleur der leeren Becher wieder für einen Tag abgehängt hatte, und sie konnte entspannter weitermachen und sich dafür rüsten, die Leute morgen erneut zu beeindrucken.

Übrigens ist es in Ordnung, wenn man es genießt, sozial gut eingebunden zu sein. Es sollte uns allerdings nicht darum gehen, mehr Follower als andere zu haben, nur um das Gefühl zu haben, wir seien gute Menschen; aber wir sollten es durchaus alle genießen, kontaktfreudig und sozial vernetzt zu sein.

Die ständige, tägliche, nicht enden wollende Mühe, ihren Becher aufzufüllen, erschöpfte sie.

DIE STÄNDIGE, TÄGLICHE, NICHT ENDEN WOLLENDE MÜHE,
IHREN BECHER AUFZUFÜLLEN, ERSCHÖPFTE SIE.

Außerdem konnte sie manchmal niemanden dazu bringen, ihren dummen Becher zu füllen. Manchmal waren ihre Freunde nicht ihre Freunde. Manchmal bekam sie die gewünschte Aufmerksamkeit der anderen nicht oder hatte keinen Erfolg und bekam keine Auszeichnung. Manchmal hatte jemand anders mehr Follower als sie. Manchmal enttäuschte ihre Familie sie. Manchmal enttäuschte sie *sich selbst*.

Manchmal zerbrach alles. Alles misslang. Alle ihre Versuche waren erfolglos. Scheitern auf der ganzen Linie. Und dann starrte sie in einen knochentrockenen, leeren Becher und fragte sich, wie sie noch einen weiteren Tag überstehen sollte.

Und jetzt kommt der Clou: Manchmal schaute sie sich unter den Leuten um, die sie bat, ihren Becher aufzufüllen, und stellte fest: Alle hielten ihr ihre leeren Becher hin.

MANCHMAL SCHAUTE SIE SICH UNTER DEN LEUTEN UM, DIE SIE BAT, IHREN BECHER AUFZUFÜLLEN, UND STELLTE FEST: ALLE HIELTEN IHR IHRE LEEREN BECHER HIN.

Kommt dir bekannt vor?

Ist das dein Leben? Du läufst herum und tust viel zu viel, hast aber gleichzeitig das Gefühl, dass du nicht genug tust? Es muss doch noch mehr im Leben geben, oder nicht?

Wir alle werden mit dem Wunsch geboren, satt zu werden, wirklich zufrieden und ganz zu sein und erfüllt zu leben. Jeder von uns hat tatsächlich einen Becher, der gefüllt werden muss.

Die Frage ist: Wie kann er gefüllt werden? Und gibt es eine Möglichkeit, dass er *dauerhaft* gefüllt bleibt?

Die Antwort auf die zweite Frage lautet: Ja, es gibt eine Möglichkeit, dass unser Becher immer gefüllt bleibt. Was ihn füllt, muss nicht immer wieder auslaufen. (Wie das möglich ist, dazu kommen wir später.)

Machen wir uns einmal bewusst, wie ein Becher funktioniert. Man füllt keinen Becher und kippt ihn dann auf die Seite in der Erwartung, dass er nichts anderes als Luft enthält, oder? Ein Becher wird nur aus Versehen auf die Seite gedreht oder wenn er gereinigt oder irgendwo verstaut wird. Normalerweise stellt man einen Becher auf eine ebene Fläche, sodass die Öffnung nach oben zeigt.

Um gefüllt zu werden, muss dein Becher also nach oben hin geöffnet sein, zu Gott hin, damit er ihn füllen kann. Irgendwann wird er so voll sein, dass du nicht mehr Liebe aufnehmen kannst, und sie überfließt auf andere.

Das ist ein Bild des christlichen Lebens, wenn es richtig gelebt wird. So stellt sich Gott dein Leben in der Beziehung mit ihm vor.

Das christliche Leben ist das Überlaufen eines gefüllten Bechers, nicht ein ständiges Bemühen, einen Becher aufzufüllen, der immer wieder ausläuft. Wenn wir unsere Becher nach oben hin öffnen und Gott vertrauen, dass er seinen Teil tut, können wir aufhören, zu anderen Menschen zu rennen und zu hoffen, dass sie unsere Becher füllen werden.

DAS CHRISTLICHE LEBEN IST DAS ÜBERLAUFEN EINES GEFÜLLTEN BECHERS, NICHT EIN STÄNDIGES BEMÜHEN, EINEN BECHER AUFZUFÜLLEN, DER IMMER WIEDER AUSLÄUFT.

Eins kann ich dir versichern: Jesus, unser Herr, möchte, dass du und ich, wie Paulus schreibt, »immer mehr mit dem ganzen Reichtum des Lebens erfüllt [werden], der bei Gott zu finden ist« (Epheser 3,19).

Ein derart erfülltes Leben ist nicht nur möglich. Es ist das beste Leben überhaupt.

Und es steht uns offen.

Mein Becher in Erwachsenengröße

Wie ich bereits erwähnt habe, hörte ich, als ich älter wurde, nicht irgendwann auf damit, meinen Becher anderen hinzuhalten, damit sie ihn füllten. Dieses Verhalten schlich sich in alle meine Freundschaften ein. Es drang in meine Ehe ein. Und schließlich ertappte ich mich traurigerweise dabei, dass ich meinen Becher meinem Sohn hinhielt, damit er ihn füllen sollte.

Als ich erwachsen wurde, nahm dieses erbärmliche Becher-Hinhalten vor allem die Form von Vergleichen und ungesunden Erwartungen an. Konnte ich mehr Menschen dazu bringen, mir online zu folgen? Konnte ich eine Auszeichnung oder ein Zeichen der Anerkennung in meinem Job erhalten? Konnte ich andere mit diesem und jenem übertrumpfen: mit coolem Spielzeug, einem schicken Auto, einem schönen Haus oder sogar mit der Anzahl der Freunde, die ich hatte? Die Liste ließe sich peinlicherweise fortsetzen.

ALS ICH ERWACHSEN WURDE, NAHM DIESES ERBÄRMLICHE BECHER-HINHALTEN VOR ALLEM DIE FORM VON VERGLEICHEN UND UNGESUNDEN ERWARTUNGEN AN.

Schlimmer noch, ich begann, *Kinder* zu vergleichen. Wie viele Monate würde mein Sohn brauchen, um sich zu drehen? Warum wollte er nicht krabbeln? Die anderen Kinder krabbelten doch schon! Komm schon, Schatz, sag »Mama«, schnell! Aber warte, bis ich meine Kamera bereithabe, damit ich meine – ich wollte sagen, deine – Leistung online stellen kann.

Mir war nicht bewusst, dass ich mein Kind gegen andere Kinder antreten ließ, bis ich eines Tages sah, wie ein Junge im gleichen Alter wie mein Sohn (neun Monate) seine ersten Schritte machte. Ich wusste, ich sollte mich für ihn und seine Mutter freuen, aber ich empfand nur Enttäuschung. Ich fühlte mich irgendwie in den Schatten gestellt und minderwertig.

Das war das Stichwort, das die Kämpferin in mir auf den Plan rief. Ich schwor mir, meinen Jungen zum Laufen zu bringen, bevor noch mehr kleine, ähm, Lieblinge ihn überholen konnten.

Ich hob ihn immer wieder hoch und stellte ihn auf seine Füße. Er lächelte jedes Mal und ließ sich dann sofort wieder fallen. Ah! Zurück auf die Beinchen, mein Junge.

Lächeln. *Hoppala.*

Der erste Geburtstag meines Sohnes kam und ging, und er konnte immer noch nicht laufen.

Wenn ich jetzt an mein erstes Jahr als Mutter zurückdenke, beginne ich Theodore Roosevelts Worte zu verstehen: »Der Vergleich ist der Dieb der Freude.«[1]

»DER VERGLEICH IST DER DIEB DER FREUDE.«
Theodore Roosevelt

Du bist vielleicht keine Mutter, aber kannst du diese Gefühle der Leere, des Nicht-gut-genug-Seins und der Wertlosigkeit nachempfinden? Weißt du, wie es sich anfühlt, wenn du glaubst, dass du einfach *mangelhaft* bist?

In meiner Leere und Freudlosigkeit lernte ich, dass es nicht Foster, mein Sohn, war, der den ersten Schritt machen musste, sondern ich selbst.

GOTT KÜMMERT SICH UM MEIN HERZ
UND MEINE GEFÜHLE DER LEERE.

Ich erkannte schließlich, dass Gott sich mehr um mein Herz und meine Gefühle der Leere kümmerte als ich selbst. Ich erkannte, dass der Gott, der mich geschaffen hatte – mein Herz, meine Seele, meinen Verstand und meine Kraft – ebenso wie dich –, das alles zurückerobern und nach seiner ursprünglichen Absicht neu ausrichten wollte.

Fülle du meinen Becher, Herr

Vor ein paar Jahren machte ich einmal Stille Zeit in meinem Sessel, meinem Seelenort. Ich konzentrierte mich auf Jesus und er zeigte mir etwas Großes. (Übrigens empfehle ich dir dringend, dir einen solchen besonderen stillen Ort zu schaffen, an dem du mit Gott allein sein kannst.)

Gott hat mich gnädigerweise daran erinnert, dass ich geschaffen bin, um so zu lieben, wie mein Schöpfer liebt. Die »göttliche Art« von Liebe ist nicht an Bedingungen geknüpft, sie verlangt keine Gegenleistung. Gott verschenkt seine Liebe nicht aus dem

Bedürfnis heraus, eine Leere zu füllen. Gottes Liebe fließt aus der Fülle. Sie fließt über. Sie ist ein Weg, die Fülle zu teilen.

DIE »GÖTTLICHE ART« VON LIEBE IST NICHT AN BEDINGUNGEN GEKNÜPFT, SIE VERLANGT KEINE GEGENLEISTUNG. GOTT VERSCHENKT SEINE LIEBE NICHT AUS DEM BEDÜRFNIS HERAUS, EINE LEERE ZU FÜLLEN. GOTTES LIEBE FLIESST AUS DER FÜLLE. SIE FLIESST ÜBER. SIE IST EIN WEG, DIE FÜLLE ZU TEILEN.

Und so, wie ich meinen Becher hielt, war mir diese Art von Liebe nicht möglich. Meine Liebe konnte nicht zu anderen überfließen, solange ich die Liebe anderer brauchte, damit sie mich füllte. Ein Becher kann nicht gefüllt werden, wenn er nach außen gekippt ist.

Deshalb ist die göttliche Art der Liebe nur möglich, wenn man die Öffnung des Bechers nach oben hält, nicht nach außen, zur Seite oder gar nach unten.

Das Schöne daran, von der wahren Quelle erfüllt zu sein, ist, dass Gottes Liebe im Überfluss vorhanden ist. Stell dir die Niagarafälle vor, nur größer. Stell dir vor, unsere Becher stünden so da, wie sie stehen sollten – zum Himmel hin geöffnet –, und Gottes unendliche Liebe würde in sie hineinströmen. Dann würde die überfließende Liebe ganz von allein in das Leben anderer hineinfließen – nicht aus uns selbst heraus, sondern von dem, der die Quelle ist, damit er auch ihre Quelle sein kann.

Gott ist bereit, deinen Becher zu füllen. Dauerhaft. Vollständig. Ohne Lecks, aber mit großem Überfluss. In diesem Buch soll es darum gehen, wie das für dich geschehen kann.

Wer bin ich, darüber zu sprechen?

Wer bin ich also? Ich bin ein Mensch mit einem Becher, der versucht, dieses Geheimnis zu ergründen. Genau wie du.

Als ich in der Grundschule war, hat meine Mutter Tränen darüber vergossen, dass ich keine Freundinnen hatte. In Wirklichkeit waren mir Menschen einfach egal. Es war mir letztlich nur wichtig, dass sie meinen Becher füllten. Ich wollte immer gern gut in etwas sein und dafür Aufmerksamkeit bekommen: Skateboard, Schlagzeug, Basketball, Fußball, Trompete, Tennis und Computer.

Als weißes Mädchen gehörte ich in meiner Grundschule zur Minderheit. Ich fand es toll, dass mir die Hautfarbe egal war und ich mich in der ethnischen Vielfalt, die mir gefiel, wohlfühlte. Dann kam ich in die Mittelschule und merkte, dass Hautfarbe manchmal Konflikte auslöst. Das machte mich tief betroffen und tut es bis heute.

Wenn ich zurückblicke, wird mir klar, dass ich den größten Teil meiner Kindheit damit verbracht habe, zu denken, dass sich alles um mich dreht. Erst als ich in einem Sommer an einem christlichen Zeltlager teilnahm, lernte ich, dass ich alles, was ich aufzuweisen hatte – ich war sportlich, kontaktfreudig, überschwänglich und ziemlich verrückt –, für etwas anderes als mich selbst einsetzen konnte. Ich hatte immer das Gefühl gehabt, mein Leben habe kein Ziel und auf mich komme es nicht an. Aber dann änderte mein Schwager meine Selbstbeschreibung von »verrückt« zu »leidenschaftlich«, und plötzlich fühlte sich alles richtig an. Ich erkannte, dass ich meine Verrücktheit für die Ehre eines anderen einsetzen konnte. Eines anderen, des Einzigen, der es verdiente.

Mit der Zeit wurde ich von einer Teilnehmerin zur Mitarbeiterin in diesem Sommercamp und arbeite nun seit über einem Jahrzehnt dort mit, um Menschen einzuladen, ihren Bechern eine neue Ausrichtung zu geben: weg von Familie, Freundschaften, Jobs und potenziellen Möglichkeiten – hin zu Gott, damit sie sich direkt aus der Quelle füllen lassen können, um in eine durstige Welt überzuströmen.

Im Dezember 2010 habe ich geheiratet, genau genommen am großartigen »Countdown«-Datum 12-11-10 (in amerikanischer Schreibweise), und 2015 wurde unser Sohn Foster geboren. Ich arbeite immer noch in demselben christlichen Camp; aber inzwischen bin ich auch im ganzen Land unterwegs, um vor Menschen aller Altersstufen zu sprechen und zu vermitteln, wie sie ihre Becher in den Strom der Liebe Gottes halten können.

Ich habe viel ausprobiert, viel gelernt, viel durchgemacht und bin für viele Menschen sehr Unterschiedliches gewesen, aber zufrieden bin ich erst, seit ich sehe, dass Gott viel mehr ist als alles, dem ich hinterhergelaufen bin. Gott ist real. Gott genießt wirklich die Zeit mit mir. Mit mir. Megan Fate Marshman.

Und dir will er ganz genauso begegnen.

Zu diesem Buch

Ich habe drei Dinge über das christliche Leben gelernt, die definieren, wer ich bin und wie ich so leben kann, dass mein Becher aufrecht steht. Diese drei Dinge prägen dieses kleine Buch.

In deinem Leben gibt es eine Hauptfigur. Das wusstest du, oder? Aber ich wette, du wusstest nicht, dass die Hauptfigur nicht du bist. Die Geschichte ist größer als du (und ich). Aber in dieser einen großen Geschichte hast du eine Rolle, und deine Rolle ist wichtig.

Ich möchte, dass mein Leben eine Bedeutung hat. Du nicht auch? Ich möchte ein Leben führen, das von Bedeutung ist. Ich möchte ein Leben führen, das mehr ist, als mir meiner selbst bewusst zu sein. Hier ist meine Reise und hier ist mein Prozess. Und so werden wir dorthin gelangen:

ICH MÖCHTE EIN LEBEN FÜHREN, DAS VON BEDEUTUNG IST.

Teil 1: Es gibt nur eine Geschichte und nur eine Hauptfigur. Die Hauptfigur bist nicht du (oder ich).

Teil 2: Aber du (und ich) bist auf jeden Fall Teil der Geschichte.

Teil 3: Und dein (und mein) Part ist wichtig.

Bereit, dich füllen zu lassen?

All diese Erfahrungen und Erkenntnisse möchte ich mit dir teilen, weil sie es sind, die mich verändert haben. Die Reise, die du in diesem Buch zurücklegen wirst, zeigt, wie ich von dem Bedürfnis, meine eigene Bedeutung zu demonstrieren, dahin kam, die Wichtigkeit anderer zu entdecken. Von einem Leben, das sich im Wesentlichen um mich selbst drehte, fand ich zu einem Leben, das selbstlos ist, und diese Veränderung hat meine Welt auf den Kopf gestellt.

Hättest du gedacht, dass so etwas möglich ist? Es ist möglich! Und ich gehe davon aus, dass du auch gern an etwas beteiligt sein möchtest, das epische Größe hat. Wenn du dir diese Wahrheiten zu Herzen nimmst, wirst du in der Lage sein, in jede denkbare Situation hineinzugehen und völlig lebendig und ganz frei zu sein.

Ich kann gut verstehen, dass du gern an etwas Großem teilhaben willst. Und du willst eine wichtige Rolle dabei spielen und nicht nur Zuschauer sein. So viele junge Menschen sind in den sozialen Medien aktiv (ich auch!). Und obwohl das an sich nichts Schlechtes ist, wird es nie wirklich befriedigen. In den sozialen Medien ist man ein Zuschauer des Lebens, das die anderen (angeblich) führen. Ich bin immer dann besonders lange in den sozialen Medien unterwegs, wenn ich mich sehr isoliert fühle. Ironischerweise vergesse ich dabei jedes Mal, dass ich mich dadurch noch mehr … ja, du hast es erfasst … isoliert fühle. Gott ruft dich – und mich – aus dem Leben eines Zuschauers heraus und hinein in dieses »irgendetwas Großes«, nach dem wir uns sehnen.

GOTT RUFT DICH AUS DEM LEBEN
EINES ZUSCHAUERS HERAUS.

Die unglaubliche Nachricht ist: Du bist eingeladen, deine ganz eigene, einzigartige Rolle dabei zu spielen, was Gott in dieser Welt vorhat. Hast du verstanden? Du darfst mitwirken daran, was Gott vorhat! Stell also deinen Becher gerade hin, offen zum Himmel, und Gott kann und wird ihn füllen, sodass du bei allem, was er tut, mitwirken kannst! Und ich bin überzeugt davon, dass er deinen Becher bis zum Überfließen füllen wird, wie Jesus es versprochen hat. Er will dir »ein gutes, gedrücktes und gerütteltes und überlaufendes Maß … geben« (Lukas 6,38; ELB).

DU BIST EINGELADEN, DEINE GANZ EIGENE,
EINZIGARTIGE ROLLE DABEI ZU SPIELEN,
WAS GOTT IN DIESER WELT VORHAT.

Wir erschöpfen uns darin, herumzurennen und zu versuchen, andere Menschen dazu zu bringen, unsere Becher zu füllen. Erst wenn wir aufhören zu rennen und Liebe und Respekt von anderen zu suchen, sind wir in der Lage, die barmherzige Liebe, die Gott uns schenkt, in vollem Maß und aufrichtig anzunehmen. Erst dann kann sie aus unserem Leben in das Leben anderer überströmen.

Lass dich von Gottes Liebe füllen und erlebe, wie du Liebe im Überfluss für deine Freunde, deine Familie, deine Eltern, deine Kinder, deine Kollegen und deine Feinde zur Verfügung haben wirst. Du wirst überfließen – nicht aus dem Bedürfnis heraus, *von ihnen* geliebt zu werden, sondern aus der Fülle, die sich daraus ergibt, dass du *von ihm* geliebt bist.

TEIL 1

Eine Haupt-geschichte – eine Hauptfigur

Am Anfang Gott

Wenn du aufhören willst, deinen Becher nach außen zu kippen, solltest du erst einmal verstehen, dass diese ganze Geschichte – das Leben, das Universum und überhaupt alles – sich nicht um dich oder mich dreht. Sie dreht sich um Gott und darum, was Gott, der Star der Show, tut.

Wie jeder gute Roman stellt auch die Bibel ihre Hauptfigur zu Beginn vor. Gleich zu Beginn – und zwar mit den allerersten Worten – wird uns gesagt, um wessen Geschichte es sich handelt.

> »Am Anfang … Gott …«
> *1. MOSE 1,1*

Es heißt nicht: »Am Anfang … du …« Es heißt nicht: »Am Anfang … ich …« Es ist so verlockend zu glauben, dass wir die Hauptfiguren unserer eigenen Geschichte sind, stimmt's? Aber wie nützlich wird unser Bibellesen sein, wenn wir uns selbst zu den Hauptfiguren unserer Stillen Zeit machen?

ICH HABE GELERNT, DASS DER BESTE WEG,
GOTTES WORT ZU LESEN, DARIN BESTEHT, IHN DARIN ZU SUCHEN.

Ich habe gelernt, dass der beste Weg, Gottes Wort zu lesen, darin besteht, ihn darin zu suchen. Wenn wir nach uns selbst suchen, werden wir frustriert sein und die Bibel möglicherweise enttäuscht zuschlagen. Aber wenn wir Gott darin suchen, werden wir nie enttäuscht sein, denn er ist auf jeder Seite beteiligt, und das ganze Buch dreht sich um ihn. Lasst uns also ein bisschen mehr über ihn lernen.

Gott ist der, der er war, und der, der er immer sein wird.

GOTT IST DER, DER ER WAR, UND DER, DER ER IMMER SEIN WIRD.

Klar geworden? Er ist beständig. Seine Gedanken über dich sind beständig. Was andere über dich denken, kann sich rasch ändern; es ist nicht beständig. Wie könnte es das?

Aber wer Gott ist, das hat Bestand. Es ändert sich nicht. Er war schon immer der, der er ist, sogar noch vor dem »am Anfang«.

Gott erschafft

Am Anfang ... schuf Gott den Himmel und die Erde.

Was wissen wir über Gott? Wir wissen, dass Gott die Welt erschaffen hat.

Und schauen wir uns an, wie er sie erschaffen hat:

> Die Erde aber war wüst und öde, finster war es über den Wassern.
> Und der Geist Gottes schwebte über der Wasserfläche.
> *1. MOSE 1,2*

Es herrschte Dunkelheit, doch Gott war gegenwärtig. Wo immer es Dunkelheit gibt, wo immer etwas oder nichts ist – Gott ist da.

WO IMMER ES DUNKELHEIT GIBT, WO IMMER ETWAS ODER NICHTS IST – GOTT IST DA.

Ich kann mit absoluter Zuversicht sagen, dass Gott auch mitten in deiner Dunkelheit gegenwärtig ist. Er hat dich nicht verlassen.

Glaube nicht der Lüge, dass er so empört über dich ist, dass er dich fallen gelassen hat. Das ist nicht wahr.

Ich habe noch mehr gute Nachrichten:

> Da sprach Gott: »Es soll Licht entstehen!«, und es entstand Licht. Und Gott sah, dass das Licht gut war. Dann trennte er das Licht von der Finsternis.
> *1. MOSE 1,3-4*

Wohlgemerkt, er schuf etwas und dachte dann, dass das, was er erschaffen hatte, gut ist. Nicht passabel, ganz sicher nicht schlecht, sondern gut. Rechts von der Mitte in Richtung positiv. Vielleicht sogar nur gut. Gott macht gute Dinge.

> Gott nannte den trockenen Boden »Erde« und die Wasserfläche »Meer«. Und Gott sah, dass es gut war.
> *1. MOSE 1,10*

Hm. Er hat etwas gemacht und dachte, dass das, was er gemacht hat, gut ist. Hm.

> Dann sprach er: »Auf der Erde soll Gras wachsen und sie soll Pflanzen hervorbringen, die Samen tragen, und Bäume voller unterschiedlichster Früchte, in denen ihr Same ist.« Und so geschah es. Auf der Erde wuchs Gras sowie Pflanzen und Bäume, die Samen trugen. Und Gott sah, dass es gut war.
> *1. MOSE 1,11-12*

Genau, es war gut. Und Gott machte weiter.

> Gott schuf zwei große Lichter: das größere Licht für den Tag und das kleinere für die Nacht. Und Gott schuf auch die Sterne. Er setzte diese Lichter an den

> Himmel, damit sie die Erde erhellten, Tag und Nacht bestimmten und das Licht von der Finsternis unterschieden. Und Gott sah, dass es gut war.
> *1. MOSE 1,16-18*

Und …

> Und so schuf Gott alle Meerestiere, große und kleine, und alle Arten von Vögeln. Und Gott sah, dass es gut war.
> *1. MOSE 1,21*

Erkennst du hier vielleicht einen Trend? Und dann schließlich …

> Gott schuf alle Arten von wilden Tieren, Vieh und Kriechtieren. Und Gott sah, dass es gut war.
> *1. MOSE 1,25*

Wow, in diesen ersten Tagen hatte er einen Lauf. Alles, was er schuf, war gut! Also ehrlich, ich könnte ein paar Tage wie diese gebrauchen! Bei mir sieht es eher so aus, als ob die Hälfte von dem, was ich erschaffe, gut ist, aber die andere Hälfte ist einfach mies.

Aber dann übertraf Gott sich selbst. Er schuf etwas, das »gut« deutlich in den Schatten stellte.

Gott erschuf dich

Ist dir aufgefallen, dass Gott alle Arten von Tieren geschaffen hat? Eine andere Übersetzung sagt: »jedes nach seiner Art«. Das heißt, nach ihrem Wesen, ihrem Bild und ihrer Art. Sie sind alle von der Art der Tiere. Aber als er den Menschen schuf, sagte er es anders:

> Da sprach Gott: »Wir wollen Menschen schaffen nach unserem Bild, die uns ähnlich sind. Sie sollen über die Fische im Meer, die Vögel am Himmel, über alles Vieh, die wilden Tiere und über alle Kriechtiere herrschen.« So schuf Gott die Menschen nach seinem Bild, nach dem Bild Gottes schuf er sie, als Mann und Frau schuf er sie.
>
> *1. MOSE 1,26-27*

Gott schuf die Tiere »jedes nach seiner Art«. Aber als er die Menschen schuf, schuf er uns nach *seiner* Art. Nach seinem Wesen, seinem Bild und seiner Art.

Und was glaubst du, wie dachte er wohl über diesen Aspekt der Schöpfung, nachdem er den Menschen erschaffen hatte? Er müsste doch denken, dass die Menschen zumindest *gut* sind, oder? Ich kann mir nicht vorstellen, dass er etwas geschaffen hat, das fehlerhaft oder nicht sorgfältig gemacht war. Wenn das jemals passieren würde – und ich glaube nicht, dass es passieren würde –, dann würde er vermutlich einfach tief durchatmen und so lange daran arbeiten, bis es gut ist.

Als Gott die Menschen, die er gerade geschaffen hatte, beurteilte, sagte er etwas Neues:

> Danach betrachtete Gott alles, was er geschaffen hatte. Und er sah, dass es sehr gut war.
>
> *1. MOSE 1,31*

Gott schuf die Tiere gut. Er schuf das Land gut. Er schuf die Sterne gut. Alles ist gut. Als er dann die Menschen schuf, nannte er sie sehr gut. Ich glaube, »sehr gut« bedeutet: ganz und vollständig, ohne Mangel, es fehlt an nichts.

ALS GOTT DICH SCHUF, SAGTE ER: »SEHR GUT!
DU BIST GANZ UND VOLLSTÄNDIG, UND ES FEHLT DIR AN NICHTS,
WAS DU BRAUCHST, UM MICH MIT DEINEM LEBEN ZU EHREN
UND ZU VERHERRLICHEN. GENAU SO HABE ICH DICH GEWOLLT!«

Das bedeutet, dass Gott, als er dich schuf, gesagt hat: »Sehr gut! Du bist ganz und vollständig, und es fehlt dir an nichts, was du brauchst, um mich mit deinem Leben zu ehren und zu verherrlichen. Genau so habe ich dich gewollt!«

Das ist nicht das, was unsere Kultur uns sagt, oder? In jeder Werbung heißt es: »Du brauchst dieses Produkt, um gut zu sein«, oder: »Du könntest gut sein, wenn du dieses Produkt hättest«, oder: »Dein Leben wäre so viel besser, wenn du diese Dienstleistung in Anspruch nehmen würdest.« Werbung verspricht, dass ein bestimmtes Produkt dich gut oder glücklich oder erfüllt macht, aber sie impliziert damit auch, dass du so, wie du bist, eben nicht gut bist, denn sonst bräuchtest du das, was verkauft werden soll, nicht. Wenn du bereits ganz und vollständig wärst und es dir an nichts fehlen würde, wozu bräuchtest du dann die beworbene Kleidung oder Hautcreme oder das Auto?

UNSERE GESAMTE KULTUR BERUHT AUF DER VORSTELLUNG,
DASS WIR ALLE ETWAS TUN, ERWERBEN, KAUFEN,
VERDIENEN ODER ERREICHEN MÜSSEN, UM GLÜCKLICH ZU SEIN.

Unsere gesamte Kultur beruht auf der Vorstellung, dass wir alle etwas tun, erwerben, kaufen, verdienen oder erreichen müssen, um glücklich zu sein. Wir sprechen davon, dass wir dem Glück nachjagen, als ob das Glück versuchen würde, uns zu entkommen. Wann hast du das letzte Mal im Fernsehen oder anderswo in unserer Kultur etwas gesehen, das zur Zufriedenheit anregt? Sicherlich nicht in der Werbung. In Filmen und Romanen geht es um Menschen, die versuchen, eine Herausforderung zu überwinden, um einen Preis zu gewinnen. Was war der letzte Film, den du gesehen hast, in dem es um einen Menschen ging, der nicht mehr wollte, als er schon hatte, und deshalb zu Hause blieb und Gott für seinen Überfluss dankte? Okay, ich gebe zu, das wäre ziemlich langweilig. Eine Geschichte braucht eine Suche. Aber der Punkt ist, dass uns die ganze Unterhaltungsbranche und vor allem die Werbung in ihrer Masse mit Unzufriedenheit überschwemmt.

Den ganzen Tag lang wird uns gesagt, wir seien unvollständig und mangelhaft – so ziemlich das Gegenteil von dem, was Gott von uns denkt. Ziemlich genau das Gegenteil von sehr gut.

DEN GANZEN TAG LANG WIRD UNS GESAGT,
WIR SEIEN UNVOLLSTÄNDIG UND MANGELHAFT –
SO ZIEMLICH DAS GEGENTEIL VON DEM, WAS GOTT VON UNS DENKT.

Unsere Kultur sagt uns das, und wir glauben es. In den wenigen Momenten, in denen wir nicht losstürmen, um etwas zu kaufen oder zu erreichen, was uns glücklich macht, oder uns Werbung ansehen, die uns sagt, was wir kaufen oder erreichen müssen, um glücklich zu sein, vergleichen wir uns mit anderen.

Weißt du noch, was Roosevelt sagte? Der Vergleich ist der Dieb der Freude. Als Gott dich schuf, sagte er: »Sehr gut. Dir fehlt nichts. Du bist ganz, vollständig, genau so, wie ich dich wollte. Sehr gut.« Nicht nur im Vergleich zur Art der Menschen, sondern auch im Vergleich zu seiner Art.

Gott hat uns bewusst und mit einer bestimmten Absicht erschaffen

Wenn jemand etwas herstellt, dann zu einem bestimmten Zweck. Ein Bildhauer beginnt nicht ohne Plan mit der Arbeit an einem Marmorblock. Ein Maler hat ein Motiv im Kopf oder direkt vor seiner Staffelei. Ein Bauteam wirft nicht einfach Balken und Steine zusammen und fragt sich, was wohl passieren wird. Wenn jemand etwas erschafft, dann geschieht das immer mit einem Ziel.

Das gilt auch für dich! Du, der du jetzt dieses Buch liest – du bist kein Zufall. Egal, wer dir das gesagt hat – lange bevor du von deinen Eltern gezeugt und empfangen wurdest, wurdest du durch den Geist Gottes erschaffen (Epheser 1,4). Er hatte dich im Sinn, und er kannte den Zweck, zu dem er dich erschuf. Vielleicht hast du schon mal in den Spiegel geschaut und gedacht: »Das ist mir nicht gut genug.« Aber denk daran, dass Gott dich ansah und sagte: »Ja, genau so will ich dich haben!«

Gott hat dich nach einem Plan erschaffen, und dieser Plan heißt Gemeinschaft.

Die eine Sache, die nicht gut war

Nachdem Gott alles geschaffen hatte, was gut und sehr gut war, schaute er sich um und sah etwas, das überhaupt nicht gut war:

Dann sprach Gott, der Herr: »Es ist nicht gut für den Menschen, allein zu sein. Ich will ihm ein Wesen schaffen, das zu ihm passt.«

1. MOSE 2,18

Gott hat den Menschen »sehr gut« gemacht, aber auch etwas sehr Gutes kann »nicht gut« sein, wenn es nicht ins richtige Umfeld gestellt wird. Die Erschaffung des Menschen war sehr gut, aber es war keine sehr gute Situation, wenn es nur einen einzigen Menschen gab. Als Adam der einzige Mensch war, war er gleichzeitig sehr gut und nicht gut. Sehr gut im Wesentlichen, aber nicht gut, wenn er allein blieb.

Er brauchte einen Freund. Ein paar Gefährten. Eine Frau.

Versteh mich nicht falsch: Gott hatte hier nicht Adams Familienstand im Blick. So besonders der Moment in dem Film *Jerry Maguire – Spiel des Lebens* auch sein mag, Dorothy (Renée Zellweger) hat Jerry (Tom Cruise) nicht vollständig gemacht. Man wird nicht durch einen Ehepartner vervollständigt. Wenn das der Fall wäre, wäre es ziemlich merkwürdig, dass der Mann, dem wir nachfolgen, Jesus Christus, und der Mann, der einen Großteil des Neuen Testaments geschrieben hat, der Apostel Paulus, beide unverheiratet waren.

Gott hat über dich und über mich gesagt, dass er die Menschen sehr gut gemacht hat, aber nur sehr gut, wenn sie in Beziehung zu anderen Menschen stehen. Wir sind nach Gottes Ebenbild geschaffen, schon vergessen? Nun, selbst Gott ist nicht allein. Ich spreche nicht von den Engeln oder so – ich spreche von der Trinität.

Gott sagte: »Wir wollen Menschen schaffen nach unserem Bild, die uns ähnlich sind.«

1. MOSE 1,26

Wer ist nun dieses »wir« und »unser«, von dem er spricht?

Die Sache ist die: Gott ist ein dreieiniger Gott, und er war es schon immer. Dreieinig bedeutet »drei in einem«. Es gibt *Gott den Vater*, *Gott den Sohn* und *Gott den Heiligen Geist*. Bevor die Zeit begann, liebte Gott der Vater Gott den Sohn, der Gott den Heiligen Geist liebte, der wiederum Gott den Vater liebte. Gott der Vater hat Gott den Sohn vollkommen verherrlicht, der Gott den Geist vollkommen verherrlicht hat, der Gott den Vater vollkommen verherrlicht hat.

Warum hat Gott die Schöpfung erschaffen? Hast du dir diese Frage schon mal gestellt? Ich bin mir nicht sicher, ob wir das jemals wissen werden, bis wir ihn persönlich fragen können, aber eines können wir wissen: Er hat diesen Planeten und das ganze Universum *nicht* erschaffen, weil er irgendeinen Mangel empfand. Er war nicht so leer, bedürftig oder gelangweilt, dass er beschloss, das Universum zu erschaffen. Wohl kaum!

Er hatte alles, und doch hat er uns nach seiner Art geschaffen.

Wenn Gott in sich selbst eine Dreiergemeinschaft ist und wenn er dich nach seinem Ebenbild geschaffen hat, dann bedeutet das, dass er dich ebenfalls für die Gemeinschaft geschaffen hat.

WENN GOTT IN SICH SELBST EINE DREIERGEMEINSCHAFT IST
UND WENN ER DICH NACH SEINEM EBENBILD GESCHAFFEN HAT,
DANN BEDEUTET DAS, DASS ER DICH EBENFALLS
FÜR DIE GEMEINSCHAFT GESCHAFFEN HAT.

Es ist nicht gut für dich, allein zu sein.

Die Isolation, die unsere Gesellschaft zunehmend bestimmt, ist nicht gut. Ich finde es so seltsam, dass ich in einem Raum mit tausend anderen Menschen sitzen und mich trotzdem völlig isoliert fühlen kann. Ist das nicht verrückt?

Hier ist etwas zum Nachdenken: Hast du manchmal bestimmte Gedanken und nimmst an, dass du die Einzige bist, die so denkt?

Vielleicht liegt das daran, dass du nicht gern zulassen magst, dass jemand dich wirklich kennt.

Wenn du mich wirklich kennen würdest

Wenn dich niemand gut kennt, kann dich auch niemand gut lieben. Wir klagen darüber, dass wir einsam sind, aber wir lassen auch niemanden in unsere einsamen Herzen, sodass sie unsere Einsamkeit *lindern* könnten.

WENN DICH NIEMAND GUT KENNT,
KANN DICH AUCH NIEMAND GUT LIEBEN.

Seit über einem Jahrzehnt arbeite ich in den Hume Lake Christian Camps in Kalifornien. In einem Sommer begann ich, mit den Jugendlichen von der Highschool, die an den Camps teilnehmen, ein neues Spiel zu spielen. Es heißt: »Wenn du mich wirklich kennen würdest, wüsstest du …«

Wenn ich das Spiel erkläre, nenne ich natürlich nicht gleich den Titel des Spiels. Vielmehr gehe ich durch die Wohnhütten und frage einfach, ob jemand Lust hat, ein Spiel zu spielen.

Und wenn diese verrückte Person aus dem Leitungsteam des Camps von der Bühne runter in deine Hütte kommt und dich fragt, ob du mit ihr ein Spiel spielen willst, erwartest du einfach, dass das Spiel toll ist, oder?

Ich gehe also zu den Hütten der Mädels und frage: »Wer hat Lust auf ein witziges Spiel?«

Und alle rufen durcheinander: »Oh ja, ich, ich will.«

Die Mädchen kichern, und ich sage, sie sollen sich im Kreis auf den Boden setzen. »Hier ist das Spiel«, sage ich. »Es heißt ›Wenn du mich wirklich kennen würdest, wüsstest du …‹ – was?«

Normalerweise ist es danach still.

»Das klingt überhaupt nicht witzig.« Das mutige Mädchen, das das sagt, spricht wohl für die Gruppe.

Ich reagiere irritiert, aber beharrlich. »Findest du? Okay. Lass es uns trotzdem mal spielen. Keine Sorge: Ich fange an.[2] Es geht folgendermaßen: Du sagst: ›Wenn ihr mich wirklich kennen würdet, wüsstet ihr …‹, und dann beendest du den Satz. Wenn die Leute dich *wirklich* kennen würden, was würden sie dann wissen?«

Jetzt sehen sie sich gegenseitig an. Sie haben begriffen, dass ich sie geködert habe. Das klingt viel zu ernst, als dass man es als Spiel betrachten könnte.

»Also«, sage ich, »hier ist mein Satz: Wenn ihr mich wirklich kennen würdet, dann wüsstet ihr, dass ich eine Hündin habe. Ihr Name ist Abercrombie. Ich habe ihr diesen Namen gegeben, als ich sechzehn war – jetzt ist es uns peinlich, also nennen wir sie ›Abby‹.«

In der Regel bringt das eine gewisse Entspannung in die Gruppe, weil alle dachten, ich würde so was sagen wie: »Wenn ihr mich wirklich kennen würdet, wüsstet ihr, dass mein Leben ein totales Chaos ist und ich mich oft in den Schlaf weine.« Und jetzt glauben sie, die Gefahr sei vorbei. *Oh, es geht nur um Haustiere? Nur so oberflächliches Zeug? Okay, gut, ich denke, das krieg ich hin.*

Wir machen also eine erste Runde, und jede erzählt von ihrem Haustier. Das macht Spaß und ist leicht. Jetzt fangen sie an, sich auf das Spiel einzulassen.

Als die Runde beendet ist, sage ich: »Okay, diesmal gehen wir ein bisschen tiefer.« Ich atme tief durch. »Wenn du mich wirklich kennen würdest, wüsstest du, dass ich eine Cousine habe, die geistig behindert ist, und aus diesem Grund habe ich es immer gehasst, wenn Leute das Wort *behindert* benutzen, um jemanden zu verletzen, seit ich zwölf war und verstanden habe, dass sie anders ist.«

Das saugt die ganze Luft aus dem Raum. Die Mädchen sehen mich an, als wollten sie fragen: »Okay, muss es wirklich in eine solche Richtung gehen?«

Lasst mich mal einen Moment darüber sprechen, welche Macht Worte haben. Macht zu heilen oder Macht zu verletzen. Egal, wie machtlos du dich fühlst oder wie wütend du bist – was du sagst, ist nicht wirkungslos. Deine Worte haben eine unglaubliche Macht. Zum Guten oder zum Bösen. Ich wünschte, negative Worte wären nicht so wirkungsvoll, wie sie es sind. Aber diese Tatsache wird dadurch ausgeglichen, wie kraftvoll positive Worte sind. In den Sprüchen heißt es kurz und bündig: »Die Zunge kann töten oder Leben spenden« (18,21). Es gibt keine neutralen Worte.

IN DEN SPRÜCHEN HEISST ES KURZ UND BÜNDIG:
»DIE ZUNGE KANN TÖTEN ODER LEBEN SPENDEN« (18,21).
ES GIBT KEINE NEUTRALEN WORTE.

In Wirklichkeit haben wir alle keine Ahnung, wie verletzlich Menschen auf das reagieren, was wir sagen, und wie vorsichtig und bewusst wir mit unseren Worten umgehen müssen.

Zurück zu meinem Spiel. Ich sage: »Ich hasse es, wenn Leute das Wort *behindert* benutzen, um jemanden zu verletzen.« Und während der nächsten Runde sprechen die Mitspielerinnen über dieses Wort oder andere Wörter, die sie verletzt haben.

Dann kommt Runde drei, und wir gehen noch einen Schritt tiefer. In der vierten Runde weint die Hälfte der Mädchen.

Für das Spiel gibt es zwei Regeln. Nummer eins: Teil dich mit. Lass dich kennen. Hör auf, dich zu verstecken. Nummer zwei: Hör zu. Denn wenn du zuhörst, wirst du lernen zu lieben.

Ich weiß, dass Zuhören schwer ist, vor allem, wenn man völlig mit sich selbst beschäftigt ist. Zuhören bedeutet nicht nur zu warten, bis man an der Reihe ist mit dem Reden. Zuhören ist viel aktiver als das. Zuhören bedeutet zu lernen, wie man liebt. Es ist ein Ausschauhalten nach Dingen, die man über andere Menschen lernen kann, wenn sie etwas erzählen. Es bedeutet, Hinweise zu sammeln, wer sie sind, was sie fühlen und was sie brauchen. Es bedeutet, Fragen zu stellen, um besser zu verstehen. Es bedeutet, mit einer Antwort zu warten, bis der andere alles gesagt hat, was er oder sie sagen will, oder bereit ist, sich zu äußern. Wenn du wirklich zuhörst, lernst du, wie man Menschen liebt.

WENN DU WIRKLICH ZUHÖRST, LERNST DU,
WIE MAN MENSCHEN LIEBT.

In diesem Spiel geht es nicht nur um dich.

In einem Jahr haben wir das Spiel abends in einer Hütte gemacht. Am nächsten Tag fanden Geländespiele statt. Tausend Leute waren beteiligt, und ich hatte die Leitung. Alle Jugendlichen waren auf dem Feld, eingeteilt in achtundzwanzig Teams, die hinter achtundzwanzig Startpunkten standen und einen Staffellauf absolvierten.

Plötzlich sprang ein Junge aus Team 14 heraus, der ein Bananenkostüm trug. Ich dachte: *Okay, das ist lustig. Nur zu.* Anstatt zu versuchen, ihn zurückzuhalten, habe ich ihn einfach machen lassen. Die Banane begann, über das Feld zu laufen, und natürlich jubelten und lachten alle.

Dann sprintete aus Team 23 jemand los, der als Gorilla verkleidet war. Klar doch. Jetzt rannten beide über das Gelände. Die Banane rannte um ihr Leben, um dem Gorilla zu entkommen. Alle fingen an zu skandieren: »Banane! Banane!«

Die Banane stolperte und fiel hin. Sie fiel ziemlich hart und schlug mit dem Gesicht auf den Boden. Zuerst dachten alle, das gehöre zum Gag, und einige lachten ein bisschen. Jemand rief: »Ooh, Banana Split!« Jetzt lachten alle.

Dann rief der Typ im Gorillakostüm der Banane zu: »Du bist so behindert!«

Ich stand da und war so wütend und traurig. Und allein. Mich trifft dieses Wort heute immer noch, und besonders in jenem Moment, wo ich gerade am Abend zuvor noch darüber gesprochen hatte.

Dann löste sich ein Mädchen aus Team 8, eine der Schülerinnen, die am Abend zuvor das Spiel mitgespielt hatten. Sie verließ ihr Team, lief auf mich zu, legte den Arm um mich und flüsterte: »Damit musst du jetzt nicht mehr allein sein.«

WENN DU ALLEIN BIST – WENN DU DICH VERSTECKST, WENN DU DICH NICHT MITTEILST, WENN DU DICH AUS DER GEMEINSCHAFT HERAUSHÄLTST –, DANN WISSEN DIE ANDEREN NICHT, WIE SIE DICH LIEBEN KÖNNEN.

Es ist nicht gut für uns, allein zu sein. Wenn wir, Gottes Ebenbilder, uns mit oberflächlichen Beziehungen zufriedengeben, unterstellen wir, dass er ein oberflächlicher Gott ist. Denn wenn du allein bist – wenn du dich versteckst, wenn du dich nicht mitteilst, wenn du dich aus der Gemeinschaft heraushältst –, dann wissen die anderen nicht, wie sie dich lieben können. Aber wenn du den Menschen erlaubst, dich wirklich kennenzulernen, trittst du in eine Beziehung, und das ist sehr gut.

Werde wach dafür, welches Geschenk die Menschen in deinem Umfeld sind. Nicht nur du brauchst sie, damit sie für dich da sind, damit dich jemand wirklich kennt; sie brauchen dich, damit du für sie da bist. Es ist nicht gut, allein zu sein, aber um das zu ändern, musst du offen sein dafür, dass andere dich kennenlernen dürfen.

Kennen und gekannt werden

Gott möchte, dass wir einander kennen. Er möchte, dass wir mit anderen in Beziehung stehen, so wie er mit sich selbst in Beziehung steht. Aber Gott möchte auch, dass wir, seine besten und »sehr guten« Geschöpfe, in Beziehung zu ihm stehen. Wir bemühen uns darum, Gott zu kennen, indem wir uns nach ihm sehnen.

Vor Kurzem hatte ich die Gelegenheit, nach Israel zu reisen. Dort habe ich eine Synagoge besucht und gelernt, wie die Gottesdienste zur Zeit Jesu ausgesehen haben könnten.

Demnach stand der Redner nicht, wie es in unseren Kirchen üblich ist, vorne, sondern mitten in der Menge. Die Leute stellten sich dann in einem großen Kreis um den Redner herum auf. Vielleicht war das so, damit sie ihn hören konnten, denn damals gab es noch keine Lautsprecheranlagen.

Bleiben wir mal einen Moment dabei. Ich weiß nicht, aber dieses Bild – viele Menschen, die zusammenstehen oder -sitzen, um Gottes Wort zu hören – erinnert mich immer daran, dass wir die

Kirche sind. Wir, die Menschen, die zur Kirche gehen, sind die Kirche. Die Kirche ist sowohl ein Gebäude als auch eine Gemeinschaft von Menschen – wir.

Der Gottesdienst in der Synagoge begann üblicherweise mit etwas, das wir als Lobpreis und Anbetung bezeichnen würden. Aber es ging nicht immer nur um Musik so wie bei uns. Manchmal gab es einen Austausch darüber, wer Gott ist. So könnte jemand aufstehen und sagen: »Gott ist real.« Und alle jubeln: »Wow.« Und dann steht jemand anders auf und erklärt: »Gott ist mächtiger, als ihr euch jemals vorstellen könnt.« Und die Leute rufen: »Ja und Amen.« Die Nächste steht auf und ruft: »Gott ist ein Heiler.« Und so begann eine Art von Synagogengottesdienst: Man erinnerte sich einfach daran, wer Gott ist. Denn … wer Gott war, ist, wer Gott ist; und wer Gott ist, ist, wer Gott für immer sein wird.

MAN ERINNERTE SICH EINFACH DARAN, WER GOTT IST. DENN … WER GOTT WAR, IST, WER GOTT IST; UND WER GOTT IST, IST, WER GOTT FÜR IMMER SEIN WIRD.

Nach Lobpreis und Anbetung war der Hausmeister an der Reihe.

Okay, er war nicht eigentlich der Hausmeister, obwohl er dafür zuständig war, die Synagoge für die Gottesdienste sauber und heilig zu halten. Sein anderer Job war viel cooler.

Seine zweite Aufgabe war folgende: Er hatte das Privileg, zum Thoraschrank zu gehen, die Schriftrollen zu holen, die an diesem Tag gelesen werden sollten, und sie zur Lesung in die Mitte zu bringen. (Die Thora umfasst die ersten fünf Bücher des Alten Testaments.)

Damals gab es noch keine Bibeln mit schönen Ledereinbänden. Das Wort Gottes wurde auf Schriftrollen aus Pergament, einer Tierhaut, geschrieben. Die Aufgabe dieses Mannes war es also, an den

Schrank mit all den Schriftrollen zu gehen und diejenige herauszuholen, die für den Synagogengottesdienst des jeweiligen Tages vorgesehen war.

Aber er würde niemals mit den Schriftrollen einfach wieder zurückgehen. Nein, er würde immer mit den Schriftrollen in der Hand tanzen. Stellt euch vor … der Thora-Tanz! Er kommt zurück, und alle jubeln. Er fängt an zu tanzen, und das ganze Publikum tobt.

Und das ist die Erklärung dafür: Draußen vor der Synagoge tobte das Leben. Diesem Lärm setzen sie etwas entgegen. Der Grund, warum der Hausmeister tanzte, der Grund, warum die Menschen jubelten, war, dass sie unbedingt von Gott hören und ihn kennenlernen wollten. In ihren Rufen drückten sie aus: »Ich sehne mich danach, heute von Gott zu hören!« Sie waren durstig nach Gott. Sie wollten in Gemeinschaft und Beziehung mit dem Herrn der Schöpfung sein.

Haben sich die Dinge seit den Zeiten der Bibel so sehr verändert? Ich weiß nicht, wie du es siehst, aber mir scheint die Welt außerhalb der Kirchentüren lauter denn je zu sein. Manchmal sogar innerhalb der Kirche.

MIR SCHEINT DIE WELT AUSSERHALB DER KIRCHENTÜREN LAUTER DENN JE ZU SEIN. MANCHMAL SOGAR INNERHALB DER KIRCHE.

Ich muss nur in die sozialen Medien oder ins Fernsehen schauen, um zu hören, wie die Welt mich anschreit: »Du bist nicht gut genug.« »Du bist schwach.« »Du musst perfekt sein, sonst bist du wertlos.« »Du bist ein Produkt des Zufalls.« »Du bringst es nicht.«

Der Hüter der Schriftrollen in der Synagoge griff nach dem Wort Gottes und tanzte. Die Menschen schrien und jubelten, weil sie hungrig danach waren, von Gott zu hören. Sie sehnten sich nach einer Verbindung mit ihm.

DIE MENSCHEN SCHRIEN UND JUBELTEN, WEIL SIE HUNGRIG DANACH WAREN, VON GOTT ZU HÖREN. SIE SEHNTEN SICH NACH EINER VERBINDUNG MIT IHM.

Und auch für dich ist es nicht gut, allein zu sein. Gott hat dich sehr gut gemacht – ganz und vollständig, es fehlt dir an nichts. Du bist die einzige Ausgabe von dir, die Gott geschaffen hat. Und obwohl es in diesem Leben nicht um dich geht (es geht um ihn), spielst du doch eine wichtige Rolle. Gott hat dich geschaffen, um Beziehungen zu leben – mit anderen Menschen und mit ihm.

Wenn du die hasserfüllte Stimme der Welt hörst, wenn du dich mit anderen vergleichst und das Gefühl hast, nicht zu genügen, dann hast du deinen Becher nach außen gekippt, damit andere ihn füllen. Das wird nicht funktionieren, und du wirst dich nur immer schrecklicher fühlen. Du musst leben, wozu Gott dich geschaffen hat, nämlich um wirklich erkannt zu werden (in wahrer Gemeinschaft zu sein) und um deinen Schöpfer wirklich zu kennen. Was ist also falsch gelaufen?

Wir haben uns selbst zur Hauptfigur gemacht

Alles begann vor langer Zeit im Garten Eden. Die finstere Stimme einer trügerischen Schlange flüsterte uns damals zu, dass wir die Kontrolle haben könnten – dass wir die Kontrolle haben sollten. Sie sagte uns, dass wir mit Gott auf einer Stufe stehen könnten. Wir haben damals auf diese Stimme gehört, und wir hören seitdem immer noch darauf.

Deshalb ist es so unglaublich wichtig, dass wir das Wort Gottes lesen.

Die häufigste Frage, die Schüler mir stellen, ist diese: »Wie hört man von Gott?«

Meine Antwort? Fang mit der Bibel an. Sie ist Gottes Wort an dich. Und in einer Welt, die uns Lügen auftischt, ist es wichtig, dass du nicht wie Adam und Eva handelst und diese Lügen glaubst.

Darf ich dich fragen: Welche Lügen glaubst du?

WELCHE LÜGEN GLAUBST DU?

Wenn du jemandem von diesen Lügen erzählst, könntest du sie vielleicht hinter dir lassen. Vielleicht hilft es dir, diese Lügen auszusprechen und mit eigenen Ohren zu hören, damit du erkennst, wie falsch sie sind, und sie entkräften kannst. Und vielleicht hilft es dir, wenn du dich öffnest und jemandem dein Geheimnis erzählst, sodass er oder sie dich kennt und du von diesem einen Menschen in deinem Umfeld besser geliebt werden kannst.

Ich saß einmal mit einer Freundin in einem Restaurant, die von den Lügen in ihrem Kopf erdrückt wurde. In einem Moment tiefen Vertrauens fragte ich: »Was denkst du über dich selbst?«

»Ich bin wertlos«, sagte sie. »Ich verdiene keine Liebe. Ich bin langweilig, und ich bin einfach nicht wichtig.«

Diese Antwort überraschte mich, weil sie ein Mensch war, der viel Energie darein investierte, andere zu lieben. Sie war richtig gut darin. Viele Menschen würden ihrer eigenen Einschätzung von sich selbst sofort widersprechen, und ich hatte das Gefühl, dass viele Menschen dies auch in der Vergangenheit schon versucht hatten.

»Darf ich dich etwas fragen?« Ich zeigte auf die Kellnerin. »Würdest du dasselbe jemals zu ihr sagen?«

»Was sagen?«

»Würdest du diese Kellnerin, die du überhaupt nicht persönlich kennst, ansehen und ihr sagen, dass sie wertlos ist, keine Liebe verdient, dass sie langweilig und einfach nicht wichtig ist?«

»Natürlich nicht.«

»Warum nicht? Weil es vielleicht nicht zutrifft?«

»Auf keinen Fall. Gott hat sie erschaffen. Sie ist wichtig. Sie ist jemand mit unglaublich viel Potenzial.«

Ich nahm ihre Hände. »Warum sagst und glaubst du dann so etwas von dir selbst?«

Vier Reaktionen auf die Sünde

Als Gott Adam und Eva zur Rede stellt, weil sie auf die Schlange gehört und von der verbotenen Frucht gegessen hatten, erleben Adam und Eva vier verschiedene Reaktionen.

Schande über mich

Erstens: Sie schämen sich wegen ihrer Sünde (übrigens definiere ich *Sünde* als jeden Gedanken, jedes Wort, jede Tat oder jede Einstellung, die gegen Gottes Maßstab von Vollkommenheit verstößt).

> Die Schlange war das listigste von allen Tieren, die Gott, der Herr, erschaffen hatte. »Hat Gott wirklich gesagt«, fragte sie die Frau, »dass ihr keine Früchte von den Bäumen des Gartens essen dürft?«

»Selbstverständlich dürfen wir sie essen«, entgegnete die Frau der Schlange. »Nur über die Früchte vom Baum in der Mitte des Gartens hat Gott gesagt: ›Esst sie nicht, ja berührt sie nicht einmal, sonst werdet ihr sterben.‹«
»Ihr werdet nicht sterben!«, zischte die Schlange. »Gott weiß, dass eure Augen geöffnet werden, wenn ihr davon esst. Ihr werdet sein wie Gott und das Gute vom Bösen unterscheiden können.«
Die Frau sah: Die Früchte waren so frisch, lecker und verlockend – und sie würden sie klug machen! Also nahm sie eine Frucht, biss hinein und gab auch ihrem Mann davon. Da aß auch er von der Frucht. In diesem Augenblick wurden den beiden die Augen geöffnet und sie bemerkten auf einmal, dass sie nackt waren. Deshalb flochten sie Feigenblätter zusammen und machten sich Lendenschurze.
Als es am Abend kühl wurde, hörten sie Gott, den Herrn, im Garten umhergehen. Da versteckten sie sich zwischen den Bäumen. Gott, der Herr, rief nach Adam: »Wo bist du?«
Dieser antwortete: »Als ich deine Schritte im Garten hörte, habe ich mich versteckt. Ich hatte Angst, weil ich nackt bin.«
»Wer hat dir gesagt, dass du nackt bist?«, fragte Gott, der Herr. »Hast du etwa von den verbotenen Früchten gegessen?«
1. MOSE 3,1-11

Hast du das auch schon erlebt? »Wer hat dir gesagt, dass du nackt bist?« Wer hat dich blamiert? Wer hat dich beschämt? Warum versteckst du dich? Warum hast du dir diesen lächerlichen Feigenblätter-Slip gemacht?

Wow, *Scham*. Das ist ein starkes Wort. Es ist gut möglich, dass du sofort ein bestimmtes Bild im Kopf hattest, sobald du es gelesen hast. Vielleicht aktiviert Scham eine ganze Menge Ballast in deinem Kopf. Wir alle haben schon einmal Scham empfunden, diesen schrecklichen, seelischen Schmerz für etwas, das wir getan haben. Wir alle sind auch schon beschämt worden, haben uns wie ein Untermensch gefühlt, der es nicht wert ist, auf dieser Erde zu existieren, wegen etwas, das wir getan oder nicht getan haben, oder einfach wegen etwas, das wir sind.

Das ist das Schlimmste: für etwas beschämt zu werden, wofür wir nichts können. Zum Beispiel für unser Geschlecht oder unsere Hautfarbe oder unsere Größe oder unser Maß an Schönheit oder Sportlichkeit oder Anmut oder Intelligenz. Für unsere finanzielle Situation oder unsere Eltern oder den Ort, an dem wir leben, oder für unseren Akzent oder unseren Teint.

Scham ist vielleicht die schlimmste Waffe, die gegen eine andere Person eingesetzt werden kann. Ja, schlimmer als eine echte Waffe. Mit einer geladenen Pistole kann man nur einmal oder ein paarmal auf dich schießen, und das war's dann. Aber Scham trifft dich hart und geht tief... Und sie feuert immer wieder auf dich, manchmal ein ganzes Leben lang.

SCHAM IST VIELLEICHT DIE SCHLIMMSTE WAFFE, DIE GEGEN EINE ANDERE PERSON EINGESETZT WERDEN KANN.

Wenn wir die Lügen der Scham glauben, die Lügen, die die Leute über uns gesagt haben, weil sie genauso kaputt sind wie wir und unter der Scham leiden, die andere ihnen auferlegt haben, werden wir unsere Becher immer nach außen kippen. Und warum? Weil wir, wenn die Scham von jemand anderem kommt, erwarten, dass auch jemand anderes uns die Scham nehmen kann. Oder uns zumindest etwas Erleichterung verschaffen kann. Wenn jemand mir die Scham anheften kann, dann können andere sie vielleicht abziehen und wegwerfen.

Aber weißt du was? Kein anderer Mensch kann die Scham wegnehmen. Nur Jesus kann das tun. Und selbst er hat es nicht einfach getan, indem er mal was Nettes über dich und mich gesagt hat. Er nahm die Scham weg, indem er *sie selbst auf sich nahm.* Er hat sie selbst getragen. Und als er starb, starb auch all die Beschämung, Scham und Schande, die jemals einem seiner Kinder zugefügt wurde oder jemals zugefügt werden wird. Oh ja, die Menschen teilen sie immer noch aus, und manchmal trifft sie auch uns. Aber Jesus hat die Scham bereits getötet, also lass sie ganz gelassen in Richtung auf das Kreuz an dir abprallen. Denn sie gehört nicht mehr zu dir. Er nimmt alle Scham, alle Schande und alle Beschämung und tötet sie.

ABER JESUS HAT DIE SCHAM BEREITS GETÖTET, ALSO LASS SIE GANZ GELASSEN IN RICHTUNG AUF DAS KREUZ AN DIR ABPRALLEN.

Adam und Eva schämen sich für ihre Sünde. Deshalb verstecken sie sich. Das tun wir auch heute noch. Wenn wir uns schämen, verstecken wir uns. Wir versuchen, perfekt auszusehen. Wir machen extra heilige Sachen. Wir versuchen, die Leute zu beeindrucken und sie dazu zu bringen, uns zu mögen und nette Dinge über uns zu sagen, denn wenn das geschieht, empfinden wir ein bisschen weniger Scham, zumindest in diesem Moment. Aber sie kommt zurück, weil sie nie weg war. Sie verschwindet erst, wenn wir sie auf Jesus werfen, der sie am Kreuz vernichtet.

Ich war's nicht

Die zweite Reaktion von Adam und Eva auf ihre Sünde ist die, dass sie die Schuld von sich wegschieben. Gehen wir zurück zu der Geschichte im Garten Eden:

»Wer hat dir gesagt, dass du nackt bist?«, fragte Gott, der Herr. »Hast du etwa von den verbotenen Früchten gegessen?«
»Die Frau«, antwortete Adam, »die du mir zur Seite gestellt hast, gab mir die Frucht. Und deshalb habe ich davon gegessen.«
Da fragte Gott, der Herr, die Frau: »Was hast du da getan?«
»Die Schlange verleitete mich dazu«, antwortete sie. »Deshalb aß ich von der Frucht.«
1. MOSE 3,11-13

Sie geben sich gegenseitig die Schuld. »Es war nicht meine Schuld«, sagt Adam. »Es war die Schuld dieser Frau. Und da du mir diese Frau gegeben hast, Gott, muss ich sagen, dass du auch einen Teil der Schuld trägst.«

Dann meldet sich Eva zu Wort: »Äh! Gebt *mir* nicht die Schuld. Ich war's nicht. Die Schlange war's! Ich konnte ja gar nicht anders.«

Und so geht es weiter. Gut, dass sie keinen Hund hatten, denn der hätte vermutlich auch noch einen Tritt abbekommen. Die Schuldzuweisungen gehen bis hinunter zu Satan (der Name bedeutet *Ankläger*), der wahrscheinlich nur grinsend dasaß, während er stolz seinem Namen alle Ehre machte.

Wie ist es mit dir? Machst du manchmal andere für deine eigenen Fehlentscheidungen verantwortlich? »Ich wollte ja gar nicht, aber alle in der Gruppe haben mich gedrängt.« Oder: »Ich wollte nicht die Einzige sein, die es nicht versucht hat.« Oder: »Ich hatte keine Wahl. Es gab ja keinen anderen, der diese Aufgabe übernommen hätte.« Oder: »Wenn mich damals meine Eltern nicht zu dieser Ausbildung gedrängt hätten, dann ...«

MACHST DU MANCHMAL ANDERE FÜR DEINE EIGENEN FEHLENTSCHEIDUNGEN VERANTWORTLICH?

Oder die noch schwerwiegendere Art der Reaktion: Du hast das Gefühl, dass andere dir in deinem Leben so viel Unrecht zugefügt haben, so viel Ungerechtigkeit, dass du einfach kaputt bist. Wenn du kaputt bist, was bringt es dann, wenn du versuchst, das Richtige zu tun? Das wurde dir doch schon vor langer Zeit ausgetrieben, oder? Ganz ehrlich, die Gesellschaft hat dich im Stich gelassen. Deine Familie hätte dich beschützen müssen. Deine Freunde haben dich verraten. Du hast einfach ein mieses Blatt zugeteilt bekommen. Es gibt also wirklich keinen Grund für dich, *nicht* auf etwas fragwürdige Weise zu handeln und dir ein wenig von dem zurückzuholen, was dir genommen wurde, oder?

Ja, die Schuld abschieben. Das ist eine mächtige Methode, um schlechte Entscheidungen zu rechtfertigen. Es ist auch etwas, das Menschen tun, wenn sie sich schämen und schuldig fühlen. Wenn man sich selbst so schlecht fühlt, möchte man nur noch, dass dieses Gefühl verschwindet. Wenn man die Schuld ganz oder teilweise auf jemanden abwälzen kann, fühlt man sich besser, wenn auch nur für einen klitzekleinen Moment.

WENN MAN DIE SCHULD GANZ ODER TEILWEISE AUF JEMANDEN ABWÄLZEN KANN, FÜHLT MAN SICH BESSER, WENN AUCH NUR FÜR EINEN KLITZEKLEINEN MOMENT.

Und hier eine Überraschung: Die einzige Möglichkeit, sich dauerhaft von Schuld zu befreien, ist tatsächlich, jemand *anderen* die Konsequenzen tragen zu lassen.

Jemand hat das bereits getan, an einem winzigen Flecken Erde namens Golgatha.

Jesus am Kreuz ist Jesus, der die Schuld auf sich nimmt. Er war der Hund, den alle getreten haben. Ich meine das nicht komisch oder pathetisch.

Er hat sich freiwillig bereit erklärt, derjenige zu sein, auf den alle ihre Scham und Schande und Schuld abwälzen können. Adam und Eva können noch nicht wissen, dass Gott das für sie tun würde. Aber du und ich, wir können es wissen. Nur zu, schieb ihm die Schuld zu. Lass Jesus die Schande auf sich nehmen und deine Scham tragen. Seine Schultern sind breit genug.

Ich bin dann mal weg

Die dritte Reaktion auf ihre Sünde habe ich bereits erwähnt, aber ich möchte sie jetzt genauer betrachten: Adam und Eva verstecken sich. Sie machen sich Unterwäsche aus Blättern und verschwinden in den Büschen.

Ziemlich dumm, oder? Nichts, was du und ich tun würden, oder? Wenn also jemand fragt: »Wie geht es dir?«, und du antwortest: »Gut«, dann versteckst du dich nicht. Nein, im Gegenteil. »Mir geht's prima, und dir?« Kein bisschen Versteckspiel.

Versteck dich nicht. Spiel lieber »Wenn du mich wirklich kennen würdest, wüsstest du …«, damit andere dich gut kennen- und lieben können.

VERSTECK DICH NICHT. SPIEL LIEBER »WENN DU MICH WIRKLICH KENNEN WÜRDEST, WÜSSTEST DU …«, DAMIT ANDERE DICH GUT KENNEN- UND LIEBEN KÖNNEN.

Aber wenn du dich versteckst, beklag dich nicht, dass niemand dich kennt oder liebt.

Was tun mit meiner Furcht?

Die vierte Reaktion, die Adam und Eva zeigen, als sie mit ihrer Sünde konfrontiert werden: Sie sind verängstigt. Furcht ergreift sie.

Sie haben getan, was sie nicht tun sollten, und jetzt hören sie, wie Gott in den Garten kommt. Aaaahh! Sie springen in die Büsche und schlagen sich die Knie auf. Was wird er mit ihnen machen? Besser, sie gehen ihm ganz aus dem Weg. Als er sie aus der Hecke herausruft, versuchen sie aus Angst und Scham, die Schuld auf einen anderen zu schieben. Als er dann anfängt, Strafen auszuteilen – Schmerzen bei der Geburt, Frust bei der Ernte, Feindseligkeit und Wut und Vertreibung aus dem Garten –, da steigert das ihre Furcht noch.

Weißt du, was Furcht ist? Mal ehrlich – verstehst du oder jemand, den du kennst, wirklich, was es heißt, Furcht zu erleben?

Die Lösung für diese Art von Furcht – die Furcht, die entsteht, wenn man nackt vor dem allwissenden Gott steht – ist dieselbe wie die Lösung für das Gefühl der Scham, die Schuldzuweisung und das Bedürfnis, sich zu verstecken. Du kennst den Namen.

DIE LÖSUNG FÜR DIESE ART VON FURCHT – DIE FURCHT, DIE ENTSTEHT, WENN MAN NACKT VOR DEM ALLWISSENDEN GOTT STEHT – IST DIESELBE WIE DIE LÖSUNG FÜR DAS GEFÜHL DER SCHAM, DIE SCHULDZUWEISUNG UND DAS BEDÜRFNIS, SICH ZU VERSTECKEN. DU KENNST DEN NAMEN.

Hier ist das Beste an der Geschichte von Adam und Eva: Sie beginnt nicht mit der Sünde (sie beginnt damit, dass Gott uns »sehr gut« erschuf). Und sie endet definitiv nicht damit.

Sie endet mit Hoffnung.

Ja, sie hörten auf die Lügen. Ja, Eva griff nach der Frucht. Ja, sie reichte die Frucht an Adam weiter. Ja, er aß von der Frucht. Und wir haben es ihnen seither nachgemacht. Aber selbst mitten in der Bestrafung sorgt Gott für sie (er macht richtige Kleider für sie), und er verspricht, sie in der Zukunft zu erlösen (er verspricht, die Schlange zu zertreten).

All diese Dinge hat er auch für dich getan. Am Kreuz hat Jesus die Schlange zermalmt, den Tod besiegt, alle Schande, Scham und Schuld auf sich genommen, die Strafe für die Sünde getragen und dich für dein weiteres Leben auf dieser Erde jenseits von Eden mit einem weißen Gewand der Unschuld bekleidet. Er gab sich selbst, um deine Scham und Schuld zu bedecken.

Jesus ist das Ende von Scham, Schuld, Verstecken und Angst, und er ist der Urheber deiner Hoffnung.

JESUS IST DAS ENDE VON SCHAM, SCHULD, VERSTECKEN UND ANGST, UND ER IST DER URHEBER DEINER HOFFNUNG.

TEIL 2

In Gottes Geschichte spielst du definitiv eine Rolle

Vor nicht allzu langer Zeit saß ich in meiner Hängematte im Garten und sah zu, wie mein Mann die Mülltonne aus unserem Garten in den Vorgarten rollte.

Es war ein sehr friedlicher Moment. Ich war gerade ganz begeistert, dass mein Mann tatsächlich den Müll rausbringt. Aber als er die Tonne ums Haus schob, passierte etwas, das meine Aufmerksamkeit erregte.

Als er auf halbem Weg in den Vorgarten war, lief unser Sohn Foster, der damals eineinhalb Jahre alt war, in seinem Monster-Fleece-Overall ihm in den Weg, weil er helfen wollte. *Nein, wie goldig.*

Bis zu diesem Zeitpunkt war mein Mann ziemlich schnell unterwegs gewesen. Es war einer dieser Tage, an denen man nicht mal innehält, um über den nächsten Schritt nachzudenken, weil man einfach so viel wie möglich schaffen möchte. Aber statt unseren Sohn als ärgerliche Störung zu betrachten, was meine Ruhe bewahrt hätte, wurde er langsamer und lud den kleinen Mann ein, sich an der Müllbeseitigung zu beteiligen. Er kippte den Mülleimer so weit herunter, dass Foster seine kleinen Hände auf den schmutzigen Griff legen und »helfen« konnte.

Sie schoben die Tonne weiter. Sehr, sehr langsam. Zuerst fand ich das von meinem Platz in der Hängematte aus ganz niedlich. Aber dann wurde mir klar, wie unglaublich ineffizient es war.

Aber hier passierte noch etwas anderes, als dass nur der Müll transportiert wurde.

Ich sah den Blick, mit dem mein Mann auf seinen Sohn hinabschaute. Es machte ihm nichts aus, dass es länger dauerte. Er schien sogar überglücklich zu sein, diesen besonderen Moment allein mit seinem Sohn zu erleben, Seite an Seite, Hand in Hand. Sie lächelten und schlichen weiter. So. Unglaublich. Langsam.

Am nächsten Tag sollte ich einen Vortrag in einer Universität halten. Kurz bevor ich das Podium betrat, bat ich Gott um ein Wort: »Herr, was hast du heute für uns? Was willst du mir zeigen, bevor ich anderen etwas weitergebe? Was willst du mir mitteilen, damit ich es mit anderen teilen kann?«

Ich hörte aufmerksam hin. *»Du darfst den Müll rausbringen.«*

»Ja! Eine Metapher ... Sehr gut. Wow!« Ich dachte an meine sündenbeladenen Zuhörer und stellte mich darauf ein, ihren Müll zu entsorgen!

Aber im nächsten Moment war es, als würde Gott sagen: *»Moment mal, nein, du hast in dieser Metapher die Rolle deines Sohnes.«*

Ich war verwirrt. »Was meinst du? Willst du sagen, dass du durch mich weniger effizient bist?«

In diesem Moment erkannte ich die Wahrheit dessen, was ich am Tag zuvor gesehen hatte: Gott ist der Einzige, der den Müll wirklich beseitigen kann. Ich konnte weder den geistlichen noch den emotionalen Müll noch den Müll der Vergangenheit oder den Müll der Gegenwart beseitigen. Ich konnte es nicht. Mein Mann konnte es nicht. Genauso wenig wie mein Sohn den physischen Müll allein wegbringen konnte. Wie konnte ich also glauben, dass ich auf einem Podium stehen und den Müll für ein Auditorium voller College-Studenten beseitigen könnte? Wie konnte ich denken, dass ich, während ich mit meiner Freundin in einem Café saß, den Müll, der aus ihrem Leben verschwinden musste, beseitigen konnte?

GOTT IST DER EINZIGE, DER DEN MÜLL WIRKLICH BESEITIGEN KANN.

Manchmal darf ich dabei sein, wenn der Müll rausgebracht wird. Wenn Gott mich dazu einlädt. Wenn ich es mit ihm zusammen tue. Gott, der absolut in der Lage ist, alles selbst zu tun, wählt den weniger effizienten Weg ... uns. Und warum? Weil das seine Art ist. Gott interessiert sich mehr für unsere persönliche, innige Beziehung zu ihm als für unsere Produktivität für ihn.

GOTT INTERESSIERT SICH MEHR FÜR UNSERE PERSÖNLICHE, INNIGE BEZIEHUNG ZU IHM ALS FÜR UNSERE PRODUKTIVITÄT FÜR IHN.

An jenem Tag vor diesem Vortrag lud Gott mich ein, bei dem mitzuwirken, was er vorhatte.

Manchmal rede ich mir ein, dass ich den Müll rausbringen kann, dass ich eine wirkliche Hilfe bin mit dem, was ich an Fähigkeiten zu bieten habe. Ich bin mir sicher, dass Foster, mein kleiner Sohn, auch dachte, er würde wirklich helfen. Aber wenn sein Vater losgelassen hätte, wäre die ganze Mülltonne einfach auf den Boden gefallen.

Gott steht direkt neben uns, Hand in Hand, und lädt uns ein, eine Rolle in der bemerkenswertesten Geschichte zu spielen, die je erzählt wurde.

Um uns herum spielt sich eine gigantische Geschichte ab. Es ist nicht unsere Geschichte. Kein einzelner Mensch auf dieser Erde ist die Hauptperson. Nicht du, nicht ich. Aber der Gott des Universums lädt uns ein, eine Rolle zu spielen.

ER LÄDT DICH NICHT NUR EIN, EINE ROLLE IN SEINER GESCHICHTE ZU SPIELEN; ER SETZT AUCH ALLES DARAN, DASS DU SELBST IN SEINER GESCHICHTE LEBST.

Wir dürfen helfen, den Müll wegzubringen, weil ihm die Beziehung zu dir und mir so wichtig ist. Er liebt es, eine Partnerschaft mit dir einzugehen, ein Duett, während er seine ganz besondere Geschichte entfaltet. Er lädt dich nicht nur ein, eine Rolle in seiner Geschichte zu spielen; er setzt auch alles daran, dass du selbst in seiner Geschichte lebst.

Gott geht unvollkommenen Menschen nach

Kehren wir zurück in den Garten Eden:

> Gott, der Herr, rief nach Adam: »Wo bist du?«
> *1. MOSE 3,9*

Das möchte ich dich auch fragen, mein lieber Leser: Wo bist du? Wo bist du in dieser verrückten Welt der Sünde, der Scham und des beschädigten Lebens? Welche Lügen glaubst du? Wohin rennst du, um Anerkennung zu finden? Wo bist du, wenn du deinen Becher hinhältst? Wem hältst du ihn hin? Hältst du ihn seitwärts gekippt, nach außen, oder hältst du ihn mit der Öffnung nach oben?

Denn das Verrückte daran, den Becher seitwärts oder nach außen zu kippen, um ihn von anderen Menschen füllen zu lassen, ist, dass die Anerkennung anderer Menschen tatsächlich befriedigend ist. Man fühlt sich tatsächlich wohl in seiner Haut, wenn man von den richtigen Leuten zur richtigen Zeit genug davon bekommt. Man fühlt sich gerade gut genug, um über die Runden zu kommen, vielleicht, aber nur für den Moment. Manchmal hält die Befriedigung nur so kurz an, dass man immer wieder zurückkommt, um mehr zu bekommen. Es ist anstrengend.

Wenn ich etwas über diese eine große Geschichte, in der wir uns befinden, gelernt habe, dann dies: Ja, Gott ist die Hauptfigur, aber die gute Nachricht ist, dass Gott uns unvollkommenen Menschen nachgeht. Geradezu nachläuft. Und Gott ist beständig: Er war, ist und bleibt derselbe Gott – immer. Egal, wo du dich befindest, egal, wohin du auf der Suche nach einer Bestätigung, dass du gut genug bist, schon gerannt bist – Tatsache ist, dass es einen Gott gibt, der zu dir kommt. Der dir nachgeht. Wenn jeder sonst sich angesichts des Chaos deines Lebens von dir abwendet, wendet Gott sich dir zu.

Die Bibel ist keine Geschichte von Menschen, die Gott suchen. Es ist die Geschichte eines vollkommenen Gottes, der unvollkommene Menschen sucht.

DIE BIBEL IST KEINE GESCHICHTE VON MENSCHEN, DIE GOTT SUCHEN. ES IST DIE GESCHICHTE EINES VOLLKOMMENEN GOTTES, DER UNVOLLKOMMENE MENSCHEN SUCHT.

Das gilt auch für dich. Und mich.

Ich frage dich also noch einmal: Wo bist du? Gott hat dich an einen Ort gestellt, in einen Körper, in eine Familie, in eine Nation, in eine Situation – hier und jetzt, zu diesem konkreten Zeitpunkt der Geschichte –, und er hat dich eingeladen, in einer Geschichte, in der es darum geht, eine Welt zu erreichen, die Hoffnung braucht, an seiner Seite zu sein.

Die ganze Geschichte der Bibel hat mit dir zu tun

Als ich vor einigen Jahren meine Hochzeit plante, beschloss ich, dass ich eine sehr unkonventionelle Brautjungfer haben wollte. Nanny, meine Großmutter, sollte bei meiner Hochzeit an meiner Seite stehen.

Zu diesem Zeitpunkt war Nanny vierundneunzig Jahre alt. Sie stammte aus England, sprach mit einem starken britischen Akzent, trank Diät-Limo und aß Zimt-und-Zucker-Toast, und sie wohnte in ihrem eigenen Haus direkt neben meinen Eltern.

Eines Tages ging ich zu ihr, um sie wegen der Hochzeit zu fragen. *Klopf-klopf-klopf.* Eine Stunde später (so kam es mir jedenfalls vor) öffnete sie die Tür.

Ich tat ganz überrascht und sagte: »Du hast es geschafft!«

Und sie sagte, was sie immer zu mir sagte: »Du bist lächerlich.«

»Nanny«, sagte ich, »willst du mit mir Frühstücken gehen?«

Sie nickte. »In Ordnung. Ich hole meinen Mantel.«

Eine (gefühlte) weitere Stunde später hatte sie Mantel, Handtasche und ihre Gehhilfe geholt, und wir waren endlich vor ihrem Haus auf dem Weg zu meinem Auto.

Sie stützte sich auf ihren Rollator und sah mich herausfordernd an. »Wer zuerst beim Auto ist.«

Ich schüttelte den Kopf. »Oh, Nanny, es tut mir so leid. Aber ich habe heute meine schnellen Schuhe angezogen. Damit bin ich echt schnell. Bist du sicher, dass du gegen mich antreten willst?«

»Ganz sicher.«

Wir liefen also los, und ich ließ ihr einen kleinen Vorsprung. Und dann, ganz langsam, fing sie an, mir mit ihrem Rollator in die Quere zu kommen. Sie blockierte den Weg, und dann gab sie richtig Gas.

Sie war ziemlich schnell, das muss ich zugeben.

Ich schlug sie aber trotzdem. Ich sagte doch: schnelle Schuhe.

Schließlich kamen wir zu unserem Frühstück, und ich fragte sie, ob sie bei meiner Hochzeit meine Brautjungfer sein wollte. Sie war begeistert und wollte gerne die erste vierundneunzigjährige Brautjungfer sein, von der sie je gehört hatte.

Leider nimmt diese Geschichte eine traurige Wendung. Im August hatte ich sie gebeten, bei meiner Hochzeit dabei zu sein, und im September hatte sie einen Schlaganfall.

Kennst du diese Tage, an denen nichts anderes wichtig zu sein scheint als die eine schwere Last auf deinem Herzen? Hast du solche Tage schon mal erlebt? Der Tag, an dem ich von ihrem Schlaganfall erfuhr, war für mich ein solcher Tag. Nanny, die bei meiner Hochzeit vor den Traualtar treten sollte, lag in einem Krankenhausbett und lebte nur noch dank einer Reihe von Schläuchen und Maschinen.

Ich weiß noch genau, wie ich im Krankenhaus völlig die Fassung verlor. Meine Schwester nahm mich in den Arm und stützte mich. Und ich war wütend. »Warum?« Hast du Gott jemals diese Frage gestellt?

Ich erinnere mich, dass mein Vater sagte: »Hört mal, im Moment werden wir hier nichts Neues erfahren und können nichts ausrichten. Warum geht also nicht jeder wieder seiner Arbeit nach und wir treffen uns heute Abend wieder hier im Krankenhaus?«

Zu dieser Zeit unterrichtete ich an einem christlichen College, das eine Dreiviertelstunde entfernt war. Ich glaube, ich habe die ganze Fahrt über geweint.

Als ich den Unterrichtsraum erreichte, setzte ich mich an den Schreibtisch und versuchte, die Tränen zurückzuhalten, während meine Studenten wie an jedem anderen Tag auch einfach hereinkamen. Es war nicht ihre Schuld. Für sie war es wahrscheinlich ein ganz gewöhnlicher Tag. Sie konnten ja nicht wissen, was in meinem Leben passiert war. Aber ich schaute auf meine Notizen und dann auf die Studenten, und aus irgendeinem Grund konnte ich nicht wie gewohnt weitermachen und unterrichten. *Das ist jetzt nicht wichtig, dachte ich. Nichts davon ist wichtig, wenn Nanny im Krankenhaus liegt. Ich werde jetzt einfach gehen.*

Aber inzwischen waren alle da, und es war Zeit für den Unterricht.

Also nahm ich meine Notizen und stand auf, als wollte ich beginnen, aber dann ließ ich die Notizen auf den Boden fallen und sagte: »Vergesst es!«

Ein sehr nervöses Mädchen in der ersten Reihe sah mich besorgt an. »Sollen wir das aufschreiben?«

»Nein, schreibt das nicht auf.« Ich seufzte. »Ich habe schlechte Nachrichten erhalten, und ich brauche gute Nachrichten. Wir sind an einem christlichen College, also sollten wir alle die eine gute Nachricht kennen, das Evangelium. Würde mir also jemand bitte das Evangelium sagen? Ich brauche eine gute Nachricht.«

WÜRDE MIR ALSO JEMAND BITTE DAS EVANGELIUM SAGEN?
ICH BRAUCHE EINE GUTE NACHRICHT.

Sie sahen sich alle an.

»Irgendjemand?«, fragte ich.

Niemand wollte mir in die Augen sehen. Der ganze Raum voller Studenten – alle senkten langsam die Blicke vor sich auf die Tische.

»Oh, bitte. Ich brauche das Evangelium. Ich brauche wirklich gute Nachrichten, die irgendwie auf wirklich schlechte Nachrichten treffen … und gewinnen. Jemand soll mir das Evangelium sagen. Jemand soll mich daran erinnern, warum Jesus gekommen ist. Warum er gestorben ist. Was seine Auferstehung heute mit mir zu tun hat. Warum sie mich verändert. Ich habe es heute sehr nötig, verändert zu werden.«

Immer noch nichts. Also fing ich an, Einzelne anzusprechen. »Ryan?«

Ryan riss die Augen auf.

»Ja, Ryan. Steh auf und sag uns die frohe Botschaft.«

Er ließ sich tiefer in seinen Stuhl sinken. »Nee, ich brauch das heute nicht.«

Also wandte ich mich an Aimee, dann an Haley, dann an Braxton und dann an Josiah.

Niemand war bereit, mir das Evangelium zu sagen.

Wenn ich dich bitten würde, mir das Evangelium zu erklären, was würdest du sagen? Wenn du behauptest, an etwas zu glauben, solltest du das dann nicht auch erklären können? Ich meine nicht, dass du jedes einzelne theologische Argument kennst und die ganze Bibel auswendig aufsagen kannst. Ich meine nur, ob du das Wesentliche dieses Glaubens kennst, von dem du sagst, er sei die Antwort für die ganze Menschheit?

KENNST DU DAS WESENTLICHE DIESES GLAUBENS, VON DEM DU SAGST, ER SEI DIE ANTWORT FÜR DIE GANZE MENSCHHEIT?

Als junge Frau hörte ich einmal, wie ein christlicher Redner das Evangelium erklärte. Er tat dies auf eine fesselnde und klare Art und Weise, und er gab uns konkrete Bibelverse, die die wesentlichen Wahrheiten erklärten. Ich schrieb diese Verse auf eine Seite hinten in meiner Bibel. (Sie sind alle aus dem Römerbrief: 1,19-21.25; 3,23; 5,8; 6,23; 8,1; 10,9-11 und 12,1-2).

Wann immer ich später gefragt wurde, wer Jesus ist, warum er wichtig ist oder warum ich für ihn lebe, schlug ich diese Seite in meiner Bibel auf und bezog mich auf diese Bibelstellen.

WANN IMMER ICH SPÄTER GEFRAGT WURDE, WER JESUS IST, WARUM ER WICHTIG IST ODER WARUM ICH FÜR IHN LEBE, SCHLUG ICH DIESE SEITE IN MEINER BIBEL AUF UND BEZOG MICH AUF DIESE BIBELSTELLEN.

An diesem traurigen Tag schlug ich im Unterricht meine Bibel auf und las meinen Kursteilnehmern alle diese Passagen vor. Wenn sie mir die gute Nachricht nicht sagen konnten, wollte ich sie mir selbst sagen, direkt aus dem Wort Gottes. Zu diesem Zeitpunkt machte ich mir Sorgen um Nanny, und ich war traurig über meine Studenten (die nicht wussten, wie sie das Evangelium weitergeben sollten) und auch enttäuscht über mich selbst (weil ich es ihnen nicht beigebracht hatte). Also las ich ihnen diese Verse vor, sammelte meine Sachen ein und ließ sie einfach sitzen.

Für den Rest der Unterrichtsstunde und bis in die Pause hinein erhielt ich eine SMS und E-Mail nach der anderen von ihnen. Sie schrieben zum Beispiel:

- »Ich bin schon mein ganzes Leben lang Christ und habe keine Ahnung, wie man das Evangelium formuliert. Hab ich noch nie gemacht.«
- »Ich habe mein Leben schon vor langer Zeit Jesus übergeben, aber ich habe ein Problem mit dieser einen Sünde, von der ich mich total abhängig fühle, und es lässt sich einfach nicht lösen. Ich weiß, dass Gott mir vergibt, aber wie geht das konkret und wie kann mich das Evangelium in meinem Kampf verändern?«
- »Ich habe Jesus noch nie mein Leben übergeben. Ich glaube schon, dass er für mich auf die Erde gekommen ist, aber ich habe keine Ahnung, wie es aussieht, wenn ich ›mein Leben übergebe‹. Klingt beängstigend, und ehrlich gesagt bin ich ziemlich zufrieden damit, so zu leben, wie ich bisher gelebt habe.«
- »Ich bin schon mein ganzes Leben lang Christin, aber, um ehrlich zu sein, Megan, ich weiß nicht, wie ich die Bibel lesen soll. Weil ich schon so lange Christin bin, erwartet doch jeder, dass ich inzwischen Expertin bin und weiß, wie ich mit der Bibel umgehen soll, aber ich weiß es nicht. Wo soll

ich anfangen? Ich bin doch schon viel zu alt und zu weit fortgeschritten auf meinem Glaubensweg, jetzt kann ich doch nicht mehr zugeben, dass ich keine Ahnung habe, was es bedeutet, Zeit mit Gott zu verbringen.«

Ich las jede E-Mail und jede SMS und mir wurde immer deutlicher, was ich tun musste. Nur damit ihr euch vorstellen könnt, was kurz darauf passieren würde. Ich würde mich verwandeln … in Mrs Superpredigerin.

Als sie den Raum betraten, dachte ich: *Oh, macht euch auf was gefasst, ihr Arglosen, denn ihr habt ja keine Ahnung, was gleich passieren wird.*

Sie setzten sich. Ich legte meine Notizen weg und fing an zu predigen: »Wisst ihr, was das Evangelium ist?« Ich redete aus vollem Herzen und ließ Gottes gute Nachricht einfach von ihm her durch mich hindurchströmen zu ihnen. Für etliche veränderte das ihr Leben. Gelobt sei Gott!

Aber das geschah nicht aufgrund dessen, was ich gesagt habe. Ich kann kein Leben verändern – weder deins noch das von irgendjemand anderem. Kein Prediger oder Lehrer oder sonst jemand kann dein Leben in Richtung auf Gott verändern. Menschen können dir natürlich Wahrheiten sagen wie: »Gott liebt dich«, aber niemand kann dich überzeugen. Das ist Gottes Sache.

Das wurde an diesem Tag noch einmal richtig deutlich: Die große Geschichte Gottes ist etwas, das er selbst voranbringt. Aber er bezieht dich ein, und in der Bibel steht alles darüber.

DIE GROSSE GESCHICHTE GOTTES IST ETWAS,
DAS ER SELBST VORANBRINGT. ABER ER BEZIEHT DICH EIN,
UND IN DER BIBEL STEHT ALLES DARÜBER.

Gottes große Geschichte

Dieser Typ namens Paulus ist eine gute Wahl, wenn man jemandem erklären will, worum es in Gottes großer Geschichte geht.

Paulus schleppte schweres Gepäck mit sich herum. Bevor er Christ wurde und sich sein ganzes Leben änderte, hieß er Saulus, und er hasste die Christen. Er sah in ihnen eine schreckliche Bedrohung für die jüdische Religion und Lebensweise. Dann begegnete ihm Jesus auf dramatische Weise, und Saulus wurde radikal verändert. Er wurde zum Autor des größten Teils dessen, was wir heute das Neue Testament nennen.

Weißt du, was mir das sagt? Es sagt mir, dass Gott tun kann, was er will, mit wem er will und wann er will. Kennst du jemanden, der so weit von Gott entfernt zu sein scheint, dass es so aussieht, als könne er oder sie nie zu ihm kommen? Hör nicht auf, für diesen Menschen zu beten. Niemals.

Paulus schrieb eine Reihe von Briefen an verschiedene Gemeinden, die in den Jahrzehnten nach Tod, Auferstehung und Himmelfahrt Jesu entstanden. Es ist kaum zu glauben, aber die meisten dieser Briefe gibt es immer noch (na ja, Kopien von Kopien von Kopien). Einer dieser Briefe war an die Gemeinde in Rom adressiert, einer Stadt mit vielen Göttern und Kulten. Er ist heute als der Römerbrief bekannt.

In den ersten Kapiteln des Römerbriefs gibt Paulus einen summarischen Überblick über die biblische Geschichte. Diese Worte liefern zugleich einen wichtigen Schlüssel zum Verständnis der Bibel: Betrachte sie nicht als eine zufällige Sammlung von Geschichten. Die Bibel ist eigentlich eine einzige große Geschichte mit einer Hauptfigur. Jeder Nebendarsteller und jede kleinere

Episode beleuchten Gott in einer anderen Weise und bringen die größere Handlung voran.

DIE BIBEL IST EIGENTLICH EINE EINZIGE GROSSE GESCHICHTE MIT EINER HAUPTFIGUR. JEDER NEBENDARSTELLER UND JEDE KLEINERE EPISODE BELEUCHTEN GOTT IN EINER ANDEREN WEISE UND BRINGEN DIE GRÖSSERE HANDLUNG VORAN.

Hier ein Ausschnitt vom Anfang des Römerbriefs:

> Denn das, was von Gott erkennbar ist, wird ja in ihrem Leben offensichtlich, weil Gott es ihnen deutlich vor Augen gestellt hat. Ja, das, was zu seinem unsichtbaren Wesen gehört, kann schon seit Erschaffung der Welt anhand seiner Schöpfungswerke mit dem Verstand begriffen und angeschaut werden. Dazu gehört seine ewige Existenz, seine Macht und die Tatsache, dass er wirklich und wahrhaftig Gott ist. Deshalb können sie keine Entschuldigung vorbringen.
> *RÖMER 1,19-20; DB*

Mit anderen Worten: Die Schöpfung ruft: »Schöpfer!«

Wenn du dich umschaust, wirst du sehen, dass alles, was hergestellt wird, einen Schöpfer haben muss. Mein iPhone schreit, dass es erschaffen wurde. Es ist nicht einfach aus dem Nichts aufgetaucht – jemand hat es gemacht. Mein Auto, mein Computer, die Autobahn, der Wolkenkratzer … jemand hat sie gemacht.

Genauso ruft unser Leben, dass uns jemand gemacht hat.

Erinnern wir uns: Als Gott den Menschen schuf, tat er das nicht, weil er einen Mangel empfand. Gott schuf dich und mich und alle Menschen, weil er das teilen wollte, was er bereits hatte – die Liebe. Er schuf dich *nach seinem Bild*, so, dass du die Liebe teilen kannst, die er dir gibt – nicht, damit du von dem Bedürfnis bestimmt wirst, von anderen Menschen geliebt zu werden.

Wie Paulus im Römerbrief sagt, wissen die Menschen einfach, dass sie von einem Schöpfer geschaffen wurden. Aber was ist passiert? Etwas ging schief.

> Sie tauschten die Wahrheit Gottes, die sie kannten, gegen die Lüge ein und verehrten das von Gott Geschaffene statt den Schöpfer selbst.
> *RÖMER 1,25*

DIE WAHRHEIT ÜBER GOTT IST, DASS ER GENÜGT. DIE WAHRHEIT ÜBER GOTT IST, DASS ER ALLES IST, WAS DU BRAUCHST. DIE WAHRHEIT ÜBER GOTT IST, DASS ER DIE KONTROLLE HAT.

Die Wahrheit über Gott ist, dass er genügt. Die Wahrheit über Gott ist, dass er alles ist, was du brauchst. Die Wahrheit über Gott ist, dass er die Kontrolle hat. Kannst du diese Wahrheiten gelten lassen? Ist es das, was du glaubst? Oder ersetzt du diese Wahrheiten durch Lügen? Dass er nicht genügt, dass du mehr brauchst, als er gibt, oder dass er nicht wirklich die Kontrolle hat, jedenfalls nicht über dein Leben.

Hast du bisher wirklich geglaubt, dass du die Kontrolle hast? Dass dein Leben und deine Entscheidungen und deine Zukunftschancen allein bei dir liegen?

Die Menschen, von denen Paulus schreibt – genauso wie wir heute –, tauschten die Wahrheit über Gott gegen eine Lüge ein und dienten eher den geschaffenen Dingen als dem Schöpfer. Ein Schritt in die völlig falsche Richtung.

Und wir alle haben in unserem Leben schon einmal den gleichen Fehler gemacht. Es waren nicht nur Adam und Eva, die gesündigt haben, und jeder, der nach ihnen kam, war perfekt. Von wegen! Paulus sagt:

> Alle Menschen haben gesündigt und das Leben in der Herrlichkeit Gottes verloren.
> *RÖMER 3,23*

Moment mal, alle Menschen? Sogar Oma? Sogar der Prediger unserer Gemeinde? Sogar die christliche Sängerin im Radio? Sogar große Heilige der Vergangenheit? Was ist mit Mutter Teresa? Sie hat doch sicher nicht gesündigt. Und was ist mit Paulus selbst, der diesen Brief geschrieben hat?

DIE MENSCHEN, VON DENEN PAULUS SCHREIBT – GENAUSO WIE WIR HEUTE –, TAUSCHTEN DIE WAHRHEIT ÜBER GOTT GEGEN EINE LÜGE EIN UND DIENTEN EHER DEN GESCHAFFENEN DINGEN ALS DEM SCHÖPFER. EIN SCHRITT IN DIE VÖLLIG FALSCHE RICHTUNG.

Ja, tut mir leid: *Alle* bedeutet *alle*.

Jeder, der auf dieser Erde gelebt hat, lebt oder leben wird, hat gesündigt oder wird sündigen. Alle außer Jesus.

Wenn wir sündlos sein könnten, bräuchten wir keinen Retter, der sich um unser kleines Sündenproblem kümmert. Aber wenn alle gesündigt haben, dann brauchen wir alle einen Retter.

Um eine Beziehung zu einem reinen und heiligen Gott zu haben, musst du – rate mal, was – perfekt sein. Vollkommen sein, das ist der Maßstab. Aber den erreichen wir alle nicht, weil wir eben nicht perfekt sind. Jeder Mensch auf diesem Planeten … wir alle haben eines gemeinsam: Wir alle verfehlen die Herrlichkeit Gottes, und wir alle brauchen einen Retter.

WIR ALLE VERFEHLEN DIE HERRLICHKEIT GOTTES, UND WIR ALLE BRAUCHEN EINEN RETTER.

Als Jugendliche spielte ich ständig das Vergleichsspiel. Ich sah jemanden an und dachte: *So schlimm wie der (oder die) bin ich immerhin nicht.* Im Vergleich mit den Sünden anderer kam mir meine eigene Sünde belanglos vor. Wie sehr glaubte ich also, dass ich Jesus in meinem Leben brauchte? Ganz genau.

Wir alle versagen. Wir alle sündigen. Wir brauchen alle einen Erlöser.

Deshalb hat Jesus getan, was er getan hat:

> Gott beweist uns seine große Liebe dadurch, dass er Christus sandte, damit dieser für uns sterben sollte, als wir noch Sünder waren.
>
> *RÖMER 5,8*

Ich bin so froh, dass es nicht heißt: »Aber Gott hat *gesagt*, dass er uns sehr liebt.« Nein, Gott hat seine Liebe *bewiesen*. Es geht um mehr als ein Lippenbekenntnis. So viele Menschen sagen, dass sie lieben, aber sie handeln nicht wie jemand, der liebt. »Gott beweist uns seine große Liebe dadurch, dass er Christus sandte, damit dieser für uns sterben sollte, als wir noch Sünder waren.«

Warum musste Jesus überhaupt sterben? Und obendrein noch so einen brutalen Tod. Es hasst doch jeder, einen Unschuldigen leiden zu sehen.

Jesus musste sterben, denn wenn er es nicht getan hätte, wären wir für immer von Gott getrennt gewesen, weil wir »das Leben in der Herrlichkeit Gottes verloren« haben.

> Ja, die Endabrechnung für ein Leben in der Sünde ist der Tod. Aber das unverdiente Geschenk Gottes ist das ewige, unzerstörbare Leben im Messias Jesus, unserem Herrn.
> *RÖMER 6,23; DB*

Das Ergebnis – die Endabrechnung – für unsere Sünde ist der Tod. Das ist es, was unser Versagen uns einbringt. Jeder von uns muss einmal sterben. Das betrifft nicht nur unseren Körper, sondern bezieht sich auch auf den geistlichen Tod. Was wir uns durch unser Leben in Sünde verdienen, ist die ewige Trennung von Gott.

Aber …

Siehst du dieses Wort im Vers oben? Ja, wir haben die Verdammnis für immer verdient …, aber … die Geschichte ist damit noch nicht zu Ende. Aber Gott überlässt uns nicht einfach diesem Zustand. Er hat uns geschaffen, wir haben uns von ihm abgewandt und Strafe verdient, aber er zwingt uns nicht einmal, diese letzte Schuld zu bezahlen. Er begleicht sie selbst.

Wo wir seine Gemeinschaft auf ewig hätten verlieren sollen, macht Gott uns ein Geschenk.

WO WIR SEINE GEMEINSCHAFT AUF EWIG HÄTTEN VERLIEREN SOLLEN, MACHT GOTT UNS EIN GESCHENK.

Machst du das auch so? Wenn dich jemand wirklich wütend macht, gehst du dann einfach los und kaufst ihm ein schönes Geschenk, von dem du weißt, dass es ihm gefallen wird? Ich tue das nicht.

Warum musste Jesus sterben? Weil er das Geschenk ist. Sein Tod war unser Tod, den er an unserer Stelle auf sich nahm. Unsere Strafe, der Lohn für unser Versagen, wurde ihm auferlegt, und dann wurde *er* an unserer Stelle getötet. Aber es endete nicht mit seinem Tod: Er hat den Tod besiegt und ist aus dem Grab auferstanden und lebt für immer an der Seite Gottes. Und weil er das getan hat, darum können du und ich das Geschenk annehmen und Gemeinschaft mit Gott erfahren – jetzt und für immer.

Lass diese Wahrheit auf dich wirken, um sie wirklich erfassen zu können: Wir hatten den ewigen Tod verdient, aber er gab uns stattdessen das ewige Leben.

WIR HATTEN DEN EWIGEN TOD VERDIENT, ABER ER GAB UNS STATTDESSEN DAS EWIGE LEBEN.

Um eine perfekte Beziehung zu einem perfekten Gott zu haben, muss man perfekt sein. Wir alle sind unvollkommen. Und weil der Einzige, der Gottes Maßstab von Vollkommenheit gerecht wird, Gott ist, sandte Gott sich selbst. Jesus – der allein durch und durch Gott und durch und durch Mensch war – kam auf diese Erde, und er allein war in der Lage, ein perfektes Leben zu führen. Er hat »das Leben in der Herrlichkeit Gottes« nicht »verloren«; seine Beziehung zum Vater war nicht gestört. Nicht er, sondern wir haben die Trennung verdient, und trotzdem hat Gott uns nicht gegeben, was wir verdient haben.

Und dann ist er aus dem Grab auferstanden und hat damit zwei Dinge bewiesen: Erstens, dass er Gott ist, und zweitens, dass er die Macht hat, Totes zum Leben zu erwecken.

Eine Treppe in den Himmel

In allen Religionen gibt es die Vorstellung einer Himmelsleiter oder einer Art von Paradies. Einer Treppe zum Himmel. Jedes Glaubenssystem auf dem Planeten – einschließlich des Christentums – kennt Anweisungen, wie man den ultimativen Höhepunkt erreichen kann, sei es ewiges Leben, Befreiung vom Kreislauf der Wiedergeburt oder was auch immer. Alle lehren uns, welche Schritte wir tun müssen, um uns diesem Ziel zu nähern.

In allen Fällen liegt der Schwerpunkt darauf, was jemand tut, um diese Treppe zu erklimmen. In allen Fällen, mit einer Ausnahme. Folge den Fünf Säulen des Islam oder dem Edlen Achtfachen Pfad des Buddhismus oder den Zehn Geboten des Judentums oder entkomme dem Samsara-Kreislauf des Hinduismus, und du wirst dein Ziel erreichen. Vielleicht.

IM CHRISTENTUM STEIGT DER MENSCH NICHT DIE TREPPE HINAUF, UM FÜR DIE EWIGKEIT GERETTET ZU WERDEN UND GOTT ZU ERREICHEN. GOTT STEIGT DIE TREPPE HINUNTER ...

Der Unterschied zwischen allen anderen Weltreligionen und dem Christentum besteht darin, dass der Mensch im Christentum nicht die Treppe hinaufsteigt, um für die Ewigkeit gerettet zu werden und Gott zu erreichen. Im Christentum steigt Gott die Treppe hinunter, um die Menschen wieder mit hinaufzunehmen.

Die Götter aller anderen Religionen sitzen sozusagen auf dem Gipfel eines Berges und warten darauf, ob jemand gut genug ist, die Felswand hochzuklettern und den Gipfel zu erklimmen. Der Gott des Christentums verlässt den Gipfel, kommt den ganzen Weg hinunter in die tiefsten Tiefen der Erde, um uns zu finden, nimmt uns alle auf seinen Rücken – jeden, der sein Angebot annehmen will – und bringt uns selbst auf den Gipfel.

Es gibt auch hier eine Leiter. Aber weil Gott wusste, dass du und ich niemals seinen Standard von Vollkommenheit erreichen können – weil wir alle gesündigt und die Herrlichkeit des Lebens mit ihm verloren haben –, ist Jesus die Leiter hinuntergestiegen, um bei uns zu sein. Weil du und ich es aus eigener Kraft nicht schaffen können. Ich kann nicht zur Vollkommenheit gelangen. Jesus kam auf die Erde und lebte ein vollkommenes Leben, das einzige, das eine vollkommene Beziehung zu Gott ermöglicht. Das bedeutet, dass er als Sohn Gottes schon immer ein Anrecht auf den Himmel hatte. Er ist der Einzige in der Weltgeschichte, der dies für sich beanspruchen kann. Aber er kam nicht hierher, um sein Anrecht geltend zu machen und dann wieder zu verschwinden. Er hatte bereits den Himmel, bevor er hierherkam. Nein, er kam mit einer Mission, und der erste Teil dieser Mission war es, ein Leben zu führen, das den Himmel offenbart.

Jesus nimmt das, was ihm zusteht, das ewige Leben, und bietet dir an, es gegen das einzutauschen, was du verdienst, nämlich Gottes Zorn.

Manchmal verlieren wir, selbst im Christentum, diesen einfachen, perfekten Tausch aus den Augen. Manchmal denken wir: Ja, die Hingabe Jesu und sein stellvertretendes Sterben für uns sind großartig, aber das ist nur ein Anfang, und wenn wir wirklich in den Himmel kommen wollen, müssen wir noch mehr tun. Wenn ich nur die Bibel gründlicher lesen würde. Wenn ich nur oft genug in die Kirche gehen würde. Wenn ich nur Missionar werden würde. Und dann, hoppla, hast du es an diesem einen Tag wirklich vermasselt – jetzt bist du ein paar Sprossen auf der Leiter nach unten gerutscht. Streng dich einfach an und bemüh dich noch eifriger, und vielleicht wird Gott dich eines Tages in den Himmel lassen.

Pah! Das macht aus dem Christentum Buddhismus! Oder eine andere Weltreligion, die jedenfalls nicht das Christentum ist. Beim Christentum geht es nicht darum, wie oft du in der Kirche warst oder wie gut du bist oder wie viele Bibelverse du auswendig gelernt hast. Beim Christentum geht es um ein kostenloses Geschenk, das dir von einem Gott angeboten wird, der die Leiter hinuntergestiegen ist, um dich dorthin zu bringen, wo du aus eigener Kraft niemals hinkommen würdest.

BEIM CHRISTENTUM GEHT ES UM EIN KOSTENLOSES GESCHENK, DAS DIR VON EINEM GOTT ANGEBOTEN WIRD, DER DIE LEITER HINUNTERGESTIEGEN IST, UM DICH DORTHIN ZU BRINGEN, WO DU AUS EIGENER KRAFT NIEMALS HINKOMMEN WÜRDEST.

Das ist die große Geschichte Gottes. Und jetzt siehst du, dass er darin die Hauptperson ist.

Aber wenn du wie die meisten konservativen Christen in den USA und Westeuropa aufgewachsen bist, hast du möglicherweise eine etwas andere Botschaft gehört. Man hat dir beigebracht oder zu verstehen gegeben, dass der einfache Glaube an den großen Tausch mit Jesus schön und gut ist, aber was wirklich zählt, ist deine Mitarbeit in der Gemeinde, dein missionarischer Einsatz oder dass du täglich deine Stille Zeit hältst.

Es ist verrückt, dass Menschen dem Christentum Dinge hinzufügen, um es schwieriger erscheinen zu lassen, als es ist. Diese Albernheit hat C. S. Lewis dazu veranlasst, die folgende Passage in seinem Buch *Dienstanweisung an einen Unterteufel* zu schreiben. Darin gibt ein Oberdämon einem Dämonenlehrling Anweisungen, wie er das Leben eines Christen zum Entgleisen bringen kann:

> Wenn die Menschen schon Christen werden, dann müssen wir sie in der Geistesverfassung halten, die ich »Christentum – und« nenne. Du weißt schon – Christentum und Krise, Christentum und Neue Psychologie, Christentum und Neuordnung, Christentum und Glaubensheilung, Christentum und parapsychologische Forschung, Christentum und Vegetarismus, Christentum und Rechtschreibreform.[3]

Christentum und Rechtschreibreform – köstlich, oder?

Schön. Auf ebendiese Weise wird vielen von uns eingeredet, dass wir die alte Treppe zum Himmel eben doch selbst erklimmen müssen. Wir müssen unsere Erlösung noch durch regelmäßigen Kirchenbesuch ergänzen, und dann gelten wir als wahre Christen. Das Problem ist: Wenn wir erst einmal anfangen, uns einreden zu lassen, dass wir außer unserem schlichten Glauben noch weitere Zutaten brauchen, um gerettet zu werden, haben wir keine Möglichkeit mehr, Nein zu sagen. Wenn die Zutat von Person A (z. B. Glaube plus Gottesdienstbesuch) richtig und für uns verbindlich ist, wer kann dann sagen, dass die Zutat von Person B (z. B. Glaube plus Bibelauswendiglernen) nicht auch verbindlich ist? Dann kommen die Personen C bis ZZZ, und jede hält ihren Reifen hin, durch den wir springen sollen, und schon bald ist das Christentum nichts anderes mehr als ein ständiges Reifenspringen.

Klar geworden, was ich meine?

Du hast es auch versucht, oder? *Ich muss mehr beten. Ich muss mehr in der Bibel lesen. Ich muss mehr beichten. Ich muss mehr spenden. Ich muss mich mehr engagieren.* Wenn du nur dies tust, und wenn du es perfekt machst, und wenn du dann noch das tust, und dann noch etwas und noch etwas, und zwar alles perfekt, dann kannst du vielleicht zu Gott gelangen und von ihm gebraucht werden.

Das Problem ist: Diese Leiter zu Gott ist unendlich.

Hast du es nicht satt?

Hör auf zu klettern. Nimm stattdessen das kostenlose Geschenk.

Vor dem Gericht Gottes gibt es also keine Verurteilung mehr für die, die mit Jesus Christus verbunden sind.

RÖMER 8,1

Wenn du deinen Glauben und dein Vertrauen in Jesus setzt, kannst du dir sicher sein: Wenn Gott, der Vater, dich ansieht, sieht er nicht dich mit all deiner Unfähigkeit, sündlos zu leben, sondern er sieht Christus. Ein Christ existiert in Jesus Christus, und Gott überhäuft Jesus und jeden, der in ihm ist, mit der Fülle seiner Liebe und seiner Reichtümer. Wenn er uns jetzt anschaut, sagt er: »Makellos! Heilig! Rein!«

WENN GOTT, DER VATER, DICH ANSIEHT, SIEHT ER NICHT DICH MIT ALL DEINER UNFÄHIGKEIT, SÜNDLOS ZU LEBEN, SONDERN ER SIEHT CHRISTUS.

Ich weiß nicht, wie es dir geht, aber wenn ich meine eigene Vergangenheit betrachte, würde ich diese Worte nicht benutzen. Aber wenn Gott, der Vater, dich ansieht und du dich entscheidest, Jesus zu folgen, dann kann dich nichts und niemand mehr verdammen oder verurteilen.

Dir kann vergeben werden. Ja, sogar dir. Es spielt keine Rolle, was du getan hast. Es gibt nichts, was du getan hast oder tun könntest, das Gott dazu bringen würde, dich weniger zu lieben. Sein Liebestank für dich ist bis zum Rand gefüllt und schwappt über, und es gibt einen Zulauf, aus dem immer weitere Liebe nachströmt, damit er überläuft. Und es gibt nichts, was du dagegen tun kannst.

ES GIBT NICHTS, WAS DU GETAN HAST ODER TUN KÖNNTEST, DAS GOTT DAZU BRINGEN WÜRDE, DICH WENIGER ZU LIEBEN.

Du bekommst das volle Ausmaß seiner Liebe, noch mehr wäre gar nicht möglich. Es gibt kein Leck im Tank, das dazu zwingt, ihn immer wieder durch gute Taten aufzufüllen. Es gibt keine Verurteilung. Wenn das kein Stoff zum Nachdenken ist.

Was ist die einzig angemessene Reaktion auf eine solche Großzügigkeit? Auf die Knie fallen und sie mit großer Dankbarkeit annehmen.

DIE EINZIGE LEITERSPROSSE, DIE UNS BESCHÄFTIGEN MUSS, UM DAS HEIL DURCH CHRISTUS ZU ERLANGEN, IST DIE UNTERSTE. WIR STEIGEN EINFACH VON DIESER SPROSSE HERUNTER UND SAGEN: »JA, HERR, ICH DANKE DIR. ICH NEHME AN, WAS DU ANBIETEST.«

Die einzige Leitersprosse, die uns beschäftigen muss, um das Heil durch Christus zu erlangen, ist die unterste. Wir steigen einfach von dieser Sprosse herunter und sagen: »Ja, Herr, ich danke dir. Ich nehme an, was du anbietest.«

> Wenn du mit deinem Mund bekennst, dass Jesus der Herr ist, und in deinem Herzen glaubst, dass Gott ihn aus den Toten auferweckt hat, wirst du gerettet werden. Denn man wird für gerecht erklärt, wenn man mit dem Herzen glaubt, man wird gerettet, wenn man seinen Glauben mit dem Mund bekennt. Denn die Schrift sagt: »Wer ihm vertraut, wird nicht enttäuscht werden.«
> *RÖMER 10,9-11*

Ich liebe diese letzte Zeile: »Wer ihm vertraut, wird nicht enttäuscht werden.«

Das ist die gute Nachricht, die ich an dem Tag brauchte, als Nanny im Krankenhaus lag.

Übrigens ist Nanny bei meiner Hochzeit tatsächlich mit mir zum Altar gegangen. Sie hatte sich so weit erholt, dass sie an der Zeremonie im Dezember teilnehmen konnte. Sie musste von zwei Männern zum Altar begleitet werden. Als sie im Gang auf mich zukam, zwinkerte sie mir zu … und prahlte, dass ich an diesem Tag nur einen Mann hatte, sie aber zwei.

Den Berg stürmen

Das ist also das Evangelium: der einfache Glaube an den Gott, der die Leiter hinuntergestiegen ist, weil du und ich nicht hinaufklettern konnten. Nicht Christentum und alles andere – nur der schlichte Glaube.

Es war mir wichtig, dass die Jugendlichen, mit denen ich in unserem Camp arbeite, dies wirklich verstehen. Also wagten wir etwas ziemlich Verrücktes …

Wir treffen uns mit allen Mädels, die am Camp teilnehmen, abends draußen rund um ein großes Lagerfeuer. Der Platz liegt am Fuß einer Bergkuppe. Wir schalten die Flutlichter an und sagen: »Was wäre, wenn wir euch sagen würden, dass all eure Sünde, Scham, Schuld, Angst und Furcht weg sein könnte? Würdet ihr euch dafür interessieren?«

Die Mädels sind immer sehr skeptisch. Was sollte ein Camp-Mitarbeiter schon tun können, um ihnen ein paar der schlimmsten Probleme ihres Lebens zu nehmen?

Einer von uns Mitarbeitern hat die Aufgabe, Gott darzustellen. »Gott« erklärt: »Es gibt zwei Regeln bei dieser Aktion. Regel Nummer eins: Seid ganz dabei. Versteckt euch nicht. Bringt alles vor mich. Wie kann ich etwas beseitigen, das ihr mir nicht vorlegt? Und Regel Nummer zwei: Ihr dürft auf niemand anders hören außer auf mich.«

Dann verschwindet der Gottes-Darsteller, und wir verteilen weiße T-Shirts und schwarze Filzstifte. Die Teilnehmerinnen ziehen die T-Shirts an und bilden Zweierteams. Dann kündigen wir den nächsten Teil der Aktion an.

»Damit wir die Sünde loswerden können«, erklären wir, »müssen wir erst einmal wissen, was Sünde ist. Ihr wisst ja: Sünde ist jeder Gedanke, jedes Wort, jede Tat und jede Einstellung, die hinter Gottes Maßstab von Vollkommenheit zurückbleibt. Ihr könnt jetzt eurer Teampartnerin eure Sünden nennen, ihr tut das gegenseitig. Alles, was ihr nennt, schreibt eure Partnerin auf euer T-Shirt. Dann tauscht ihr die Rollen. Okay, ihr macht das, und wir sind gleich wieder da.« Dann lassen wir die Gruppe allein.

SÜNDE IST JEDER GEDANKE, JEDES WORT, JEDE TAT UND JEDE EINSTELLUNG, DIE HINTER GOTTES MASSSTAB VON VOLLKOMMENHEIT ZURÜCKBLEIBT.

Aber nicht ganz. Wir verstecken uns im Hintergrund und beobachten, was geschieht. Anfangs schauen sich alle mit verlegenen Blicken an, nach dem Motto: »Das meinen die doch wohl nicht ernst.« Schließlich fangen einige an, die Aufgabe auszuführen. Die Mädchen beginnen immer mit »sicheren Sünden«. Es ist schon merkwürdig, wie wir Sünden rechtfertigen und sie nach »leichter« oder »schwerer« klassifizieren. Sie nennen als Erstes meist etwas wie: »Ich habe mal gelogen.« Die Partnerin schreibt LÜGNERIN auf das T-Shirt. (Es ist immer einfacher, sich mit den Sünden der anderen zu beschäftigen, stimmt's?) Nach ein paar »sicheren« Sünden gehen ihnen meist die Ideen aus. Sie sehen sich an, was auf den Shirts der anderen steht, und dann kommt: »Oh, stimmt, das hab ich auch gemacht«, und sie benennen es und schreiben es auf.

Nach ein paar Minuten gehen wir zur Gruppe zurück. »Hört auf, euch zu verstecken, Mädels! Regel Nummer eins: Seid voll dabei. Hört auf, halbe Sachen zu machen. Wenn ihr immer das tut, was ihr schon immer getan habt, werdet ihr auch nur das bekommen, was ihr schon immer hattet. Also, Mädels: Seid mutig. Taucht auf.«

Dieses Mal lassen wir sie zehn Minuten lang allein. Wenn wir zurückkommen, kann ich meist an ihrer Körperhaltung und ihrem

Tonfall erkennen, dass sie sich nicht mehr versteckt haben, auch wenn ich nicht lesen kann, was auf ihren T-Shirts steht. Wir schalten das Flutlicht aus und fragen: »Wie fühlt ihr euch jetzt, wo niemand mehr lesen kann, was auf eurem Shirt steht?«

»Besser!«

Wir schalten das Licht wieder an. »Und jetzt?«

»Schrecklich. Ich schäme mich in Grund und Boden.«

»Ja, natürlich. Aber vergesst nicht: Wir haben gesagt, dass das alles aus der Welt geschafft werden kann. Also hebt eure Hand, wenn ihr Ballast mit euch herumschleppt. Vielleicht ist es emotionaler Ballast. Vielleicht sind es Schuldgefühle. Wen betrifft das?«

Überall in der Gruppe gehen Hände hoch. Jedes Mädchen, das die Hand hebt, bekommt einen mit Steinen gefüllten Rucksack.

Dann geht es weiter. »Also gut, wer schaut in den Spiegel und denkt: ›Das ist nicht gut genug‹? Ihr wisst, dass Gott sagt, dass du wertvoll bist. Aber du und dein Spiegel sind anderer Meinung als er. Wer kennt das?«

Hände gehen in die Höhe. Wir verteilen zersprungene Spiegel.

»Weiter«, sagen wir, »wer von euch ist darauf fixiert, was andere von ihm denken? Ist es dir wichtiger, was Menschen über dich sagen, als Gott zu gefallen?«

Hände gehen hoch, und wir binden ihnen die Hände zusammen.

Kannst du dir eine Gruppe von Jugendlichen vorstellen, die im offenen Gelände um ein Feuer sitzen – mit zerbrochenen Spiegeln in den Händen, mit Steinen gefüllten Rucksäcken auf dem Rücken und zusammengebundenen Händen?

KANNST DU DIR EINE GRUPPE VON JUGENDLICHEN VORSTELLEN, DIE IM OFFENEN GELÄNDE UM EIN FEUER SITZEN – MIT ZERBROCHENEN SPIEGELN IN DEN HÄNDEN, MIT STEINEN GEFÜLLTEN RUCKSÄCKEN AUF DEM RÜCKEN UND ZUSAMMENGEBUNDENEN HÄNDEN?

»Das fühlt sich überhaupt nicht gut an und ist total anstrengend, oder?«, sage ich.

»Ja!«

»Wollt ihr das alles loswerden?«

»Klar!«

»Wollt ihr es *wirklich* loswerden?«

Und sie rufen: »Ja! Unbedingt!«

Ich deute auf den Berg vor uns, vor dem wir dieses Treffen arrangiert haben. »Wenn ihr diese ganze Last, die ihr mit euch herumschleppt, loswerden wollt … dann rennt diesen Berg hinauf!«

Sie stöhnen, aber dann hieven sie sich hoch und laufen los. Wir Mitarbeiter säumen den Weg und treiben sie an, und sie rennen immer weiter.

An dem Punkt taucht der Mitarbeiter, der Gott darstellt, wieder auf. Ich sage nichts dazu, und er sagt auch nichts. Er wird offensichtlich wahrgenommen, aber erstaunlich ist, dass sich niemand an Regel Nummer zwei erinnert.

Da sind all diese Mädels, und sie sind dabei, Verliererinnen in einem gigantischen »Kommando Pimperle«-Spiel zu werden – denn es war nicht »Gott« gewesen, der ihnen gesagt hatte, dass sie Rucksäcke schleppen oder den Spiegel oder die Fesseln annehmen sollten, und es war auch nicht er gewesen, der gesagt hatte, sie könnten all das durch diese gewaltige Anstrengung loswerden. Sie hatten auf andere Stimmen gehört und damit Regel Nummer zwei missachtet. Und jetzt würden sie den Preis dafür zahlen.

Die Mädels rennen also an uns vorbei, und alle Mitarbeiter (außer dem, der Gott darstellt) feuern sie an, um sie auf Trab zu halten.

»Schneller! Befrei dich! Du kannst deinen Ballast loswerden, streng dich nur noch ein bisschen mehr an! Los, rauf auf den Berg!

Und dann noch die Treppe zum Himmel hoch – du schaffst es, halt durch!«

SIE HATTEN AUF ANDERE STIMMEN GEHÖRT
UND DAMIT REGEL NUMMER ZWEI MISSACHTET.
UND JETZT WÜRDEN SIE DEN PREIS DAFÜR ZAHLEN.

Am Anfang laufen all diese Jugendlichen wild entschlossen los. »Ich kann es schaffen.«

Und wir rufen: »Los, du musst überholen! Lauf schneller als die, die vor dir ist. Komm früher an als sie, das macht Eindruck. Verschaff dir mehr Follower. Es geht nicht um das Team – du musst die Beste im Team sein. Ja, sei nett zu anderen, sei hilfsbereit, aber pass auf, dass die, denen du hilfst, dich nicht überholen.«

Es dauert nicht lange, und sie haben Schmutz im Gesicht und Staub in den Augen. Und wenn sie oben ankommen, rufen wir ihnen zu, sie sollen wieder runterlaufen, und wenn sie dort ankommen, dass sie wieder rauflaufen sollen.

Und die ganze Zeit sieht der Mitarbeiter, der Gott repräsentiert, einfach nur zu, wie sie rennen und sich verausgaben.

Dann setze ich noch eins obendrauf: »Strengt euch noch ein bisschen mehr an. Ihr lauft, als ob euch das Ergebnis gar nicht interessiert.«

»Oh, wir dachten, wir hätten alles gegeben«, sagen sie, »aber okay«.

»Lauft zurück! Lauft schneller! Lest mehr in der Bibel! Kümmert euch mehr um andere! Du kannst deinen Ballast loswerden. Gib doch jetzt nicht auf. Gib einfach noch ein bisschen mehr.«

Wie lange, glaubt ihr, machen die Mädels das mit? Zwei Minuten? Zehn Minuten? Die meisten schaffen mindestens fünfzehn

Minuten, und wir treiben sie die ganze Zeit an: »Los, streng dich an. Streng dich einfach mehr an. Gib alles. Sei einfach besser. Du kannst den Weg zu Jesus finden.«

Das ist lächerlich, oder? Warum sollte jemand freiwillig so etwas tun, wenn er es gar nicht tun muss? Und sind die Spiegel oder die Fesseln oder die Rucksäcke voller Steine verschwunden, nur weil sie diesen Berg hinauf- und hinuntergerannt sind? Nein, natürlich nicht. Wie kommen sie auf die Idee, dass ihre Last *leichter* werden würde, wenn sie sich *mehr* anstrengen?

Aber genau so ging es mir früher mit Gott. So geht es so vielen jungen Menschen – und auch Erwachsenen – bis heute. Sie haben auf eine andere Stimme gehört, die ihnen gesagt hat, dass sie den Weg zu Gott erklimmen können, wenn sie nur möglichst harte Bedingungen erfüllen.

Mit Christentum hat das nichts zu tun. Das klingt eher nach einem Selbsthilfeprogramm moderner Bauart, aber es ist nicht der christliche Glaube.

Wo kannst du hinrennen, um dein Leben in Ordnung zu bringen? Welchen Berg kannst du erstürmen, der hoch genug ist, um deine Sünden abzuarbeiten? Welcher Rucksack ist schwer genug, um deine Schuld zu tilgen?

WO KANNST DU HINRENNEN, UM DEIN LEBEN IN ORDNUNG ZU BRINGEN? WELCHEN BERG KANNST DU ERSTÜRMEN, DER HOCH GENUG IST, UM DEINE SÜNDEN ABZUARBEITEN? WELCHER RUCKSACK IST SCHWER GENUG, UM DEINE SCHULD ZU TILGEN?

Du willst am liebsten gar nicht über diese Dinge nachdenken? Ich habe die Erfahrung gemacht, dass Menschen unglaubliche Anstrengungen unternehmen, um zu vermeiden, zu genau hinzusehen, was sie eigentlich in ihrem Leben tun. Sie lenken sich ab mit Freunden, Aktivitäten, Beziehungen, Schule, Arbeit und wer weiß was sonst noch. Denn sie sind lieber abgelenkt als deprimiert. Sie sind lieber apathisch, als sich einzugestehen, dass sie in vieler Hinsicht versagen.

Hab keine Angst, diese Frage in den Blick zu nehmen. Wenn du einen Rucksack mit Steinen, Fesseln oder kaputte Spiegel mit dir herumschleppst, würdest du diesen Ballast dann nicht lieber loswerden und frei sein wollen? Denn dieser große Berg ist eine Metapher für das Leben. So viele Menschen rennen den Berg hinauf und hinunter und versuchen, alle anderen in dem Rennen zu schlagen, aber ironischerweise kommen sie nirgendwo an und erreichen nichts, was von Dauer ist.

In unserem Camp haben wir dieses Programm zehn Wochen lang mit Hunderten von Jugendlichen durchgeführt. Ein Moment ist mir besonders in Erinnerung geblieben, wahrscheinlich, weil mir es so vorkam, als würde mir selbst ein Spiegel vorgehalten. Einmal war ein Mädchen dabei, das wirklich schnell lief. Sie lief schneller als alle anderen den Berg hinauf und hinunter, und es war deutlich zu sehen, dass sie stolz darauf war. Als sie an dem Mitarbeiter vorbeilief, der Gott darstellte, versperrte er ihr in den Weg.

»Warum rennst du so schnell?«, fragte er.

»Ich kann das schaffen«, sagte sie, und ich sah, dass sie es glaubte. Vielleicht meinte sie nur, dass sie alle schlagen und den Preis gewinnen könnte, den wir für die Siegerin ausloben würden, oder vielleicht meinte sie es auch im übertragenen Sinn, als ob sie glaubte, dass ihre eigenen Anstrengungen ihr eine gewisse Erleichterung von ihren Lasten und den Sünden verschaffen könnten, die auf ihrem weißen Shirt standen.

»Gott« ließ sie weiterlaufen. Alle rannten weiter, ohne von ihm Notiz zu nehmen. Das fiel mir immer auf, und wahrscheinlich ist es sehr bezeichnend. Renne ich auch an Gott vorbei? Bin ich so sehr damit beschäftigt, Dinge für ihn zu tun, dass ich ihn ignoriere?

RENNE ICH AUCH AN GOTT VORBEI? BIN ICH SO SEHR DAMIT BESCHÄFTIGT, DINGE FÜR IHN ZU TUN, DASS ICH IHN IGNORIERE?

»Gott« stand also da, während die Mädels an ihm vorbeirannten, und flüsterte ihnen zu: »Warum rennt ihr denn?« Die meisten hörten nicht zu und liefen weiter, ohne überhaupt mitzukriegen, dass er etwas gesagt hatte. *Autsch, Treffer!* Hören wir Gott noch? Erwarten wir überhaupt, dass Gott etwas zu uns sagen könnte?

HÖREN WIR GOTT NOCH? ERWARTEN WIR ÜBERHAUPT, DASS GOTT ETWAS ZU UNS SAGEN KÖNNTE?

Einmal kam ein besonders schnelles Mädchen vorbei, und »Gott« fragte leise: »Warum rennst du so, und was bringt es dir?«

Sie blieb stehen. »Nun, sie haben uns gesagt, wir sollen diesen Berg hochrennen.«

»Wer denn? Ich?«

»Nein, nicht du. Die anderen. Die, die hier das Sagen haben.«

»Gott« nickte. »Wohin bringt es dich, dieses Rennen?«

»Bergauf und bergab, hoch und runter«, sagte sie. »Ich bin schon total müde.«

»Das glaub ich dir sofort. Weißt du, warum ich meinen Sohn Jesus geschickt habe?«

»Sicher«, sagte sie und spulte etwas auswendig Gelerntes aus dem Gedächtnis ab. »Du hast ihn gesandt, um am Kreuz für meine Sünden zu sterben.«

»Welche Sünden?«

Sie lächelte. »Die Sünden der Welt!«

Er schaute ihr in die Augen. »Welche Sünden, Mädel?«

Auf einmal schien ihr ein Licht aufzugehen. Plötzlich verstand sie. Sie hatte ihr ganzes Leben lang an das Richtige geglaubt, aber diese Wahrheiten hatten es nie von ihrem Kopf in ihr Leben geschafft. Für sie ging es im Christentum nur darum, was sie für Gott tat, und nicht darum, was Gott für sie getan hatte.

SIE HATTE IHR GANZES LEBEN LANG AN DAS RICHTIGE GEGLAUBT, ABER DIESE WAHRHEITEN HATTEN ES NIE VON IHREM KOPF IN IHR LEBEN GESCHAFFT.

Das Wesentliche an deinem Glauben ist nicht, wie sehr du dich bemühst. Das mag für andere Religionen gelten, für das Christentum gilt es nicht. Das Wesen des christlichen Glaubens besteht darin, dass Jesus etwas erreicht hat, das dir zugutekommt, weil du es nicht selbst erreichen kannst. Und dein Ziel, deine Rolle, deine Antwort ist es, deinen Glauben und dein Vertrauen in sein Kreuz, in seine Selbsthingabe und in seine Auferstehung zu setzen.

Ja, richtig gehört: Du kannst aufhören zu rennen, um das zu erreichen, was Jesus bereits erreicht hat.

DU KANNST AUFHÖREN ZU RENNEN, UM DAS ZU ERREICHEN, WAS JESUS BEREITS ERREICHT HAT.

Und genau dort auf dem Bergpfad, an dem verschwitzte Läuferinnen sie überholten, nahm dieses Mädchen den Rucksack ab und ließ ihre Steine fallen. Sie nahm die Fesseln ab und ließ sie auf den Boden fallen. Sie legte den zerbrochenen Spiegel »Gott« zu Füßen.

Und dann traten Erleichterung und Entschlossenheit in ihren Blick, und sie wandte sich an die Mädels, die immer noch den Berg hinaufrannten. »Hey, alle«, rief sie, »ihr könnt aufhören zu rennen!«

Sie hatte verstanden.

Aber wir mussten unsere Rolle als Ablenkungsmanöver und falsche Stimmen weiterspielen, also versuchten wir, sie zum Schweigen zu bringen. »Schhhh, halt den Mund, Mädel!«

Aber das bewirkte nur, dass sie umso lauter rief. »Die Welt – diese Leute – sie haben euch angelogen!«

»Psssst, du verrätst uns ja.«

»Sie sind Lügner! Ihr könnt euer Leben nicht selbst in Ordnung bringen! Hört auf zu rennen!« Und dann fing sie an, die Fesseln und Rucksäcke der anderen Läuferinnen zu packen und sie abzureißen.

Aber die anderen wehrten sich. Sie wollten ihre Lasten und ihre Fesseln behalten. Und warum? Weil sie sich damit wohler fühlten. Weil sie daran gewöhnt waren.

»Ihr braucht das nicht mit euch herumzuschleppen!« Es war erstaunlich, ihr zuzusehen. Sie war eine zarte, kleine Person, aber sie war Feuer und Flamme. »Das müsst ihr nicht! Jesus hat die Fesseln getragen und ihre Schlösser gesprengt. Ihr könnt aufhören zu rennen! Ihr könnt euren Ballast nicht selbst loswerden. Die Welt lügt, wenn sie sagt, es gehe nur darum, die Beste zu sein und an die Spitze zu kommen, Eindruck zu schinden, mehr Follower zu haben, mehr Likes. Die Welt hat euch belogen.«

Irgendwann hörte sie auf, die anderen von ihren Fesseln und Rucksäcken befreien zu wollen, und verlegte sich darauf, die ganze Person zu packen und sie zu »Gott« zu schleppen. Sie versuchte nicht mehr selbst, den anderen ihre Lasten abzunehmen – das konnte sie nicht. Aber sie konnte sie zu dem bringen, der es konnte.

Das ist es, was christliches Leben ausmacht. Es geht nicht darum, was du für Christus tun kannst, sondern darum, was er bereits für dich getan hat. Es geht nicht darum, die eigene Sünde mit sich herumzuschleppen und zu versuchen, sie abzuarbeiten; es geht darum, befreit zu leben, weil sie schon weggenommen ist, und dann andere zu Jesus zu bringen, die diese wirklich gute Nachricht noch nicht gehört (oder geglaubt) haben. Jesus hat es möglich gemacht, dass du Anteil daran hast, was er in dieser Welt vorhat. Deine Rolle besteht darin, auf das, was Jesus getan hat, zu antworten.

Warum rennst du? Wo führt es dich hin? Weißt du, warum er seinen Sohn gesandt hat? Schleppst du Dinge mit dir herum, von denen Gott nie wollte, dass du dich damit abplagst? Trägst du die Spuren deiner Sünde, obwohl Jesus sie bereits weggewischt hat?

> ÜBERNIMM DEINE ROLLE IN DER GESCHICHTE, INDEM DU DEIN EIGENES SÜNDENMANAGEMENT AUFGIBST UND GOTT SEINE ROLLE SPIELEN LÄSST.

Übernimm deine Rolle in der Geschichte, indem du dein eigenes Sündenmanagement aufgibst und Gott seine Rolle spielen lässt.

Du würdest dich wundern, wer das noch nicht weiß

Wie bereits erwähnt, erholte sich Nanny von ihrem Schlaganfall und konnte bei meiner Hochzeit mit mir am Altar stehen. Bald nach der Hochzeit beschloss ich, mich immer dienstags mit Nanny zu treffen.

Wir hatten dann immer eine wunderbare Zeit zusammen, mit Diät-Limo und Zimt-und-Zucker-Toast und Witzen darüber, bei welchem Sport sie sich dieses Mal die Nägel abgebrochen oder sich sonst wie verletzt hatte.

Als ich an einem Dienstag, vier Monate nach der Hochzeit, in ihr Zimmer kam, sah ich, dass sie Tränen in den Augen hatte. »Nanny, was ist denn los?«

»Oh, Megan«, sagte sie, »ich dachte, ich würde nur noch leben, um deine Hochzeit mit dir feiern zu können. Ich dachte, mir wäre noch mal eine kurze Erholung vergönnt gewesen, damit ich an der schönen Zeremonie teilnehmen könnte, und dann würde ich gehen. Aber das ist nun schon Monate her, meine Liebe, und ich bin immer noch hier. Warum bin ich noch am Leben?«

»Nanny, ich …«

»Überleg doch mal, wie mein Leben aussieht, Megan. Ich bin an diesen Rollstuhl gefesselt. Ich sitze den ganzen Tag in diesem Stuhl und warte darauf, dass die Leute mir ihre Liebe geben.«

Vor meinem inneren Auge erschien das Bild meiner geliebten, reich gesegneten Nanny, wie sie dort auf dem Stuhl saß und ihren Becher hinhielt, damit andere ihn füllen konnten. Es war mir nie in den Sinn gekommen, dass sie vielleicht das, was ich gerade für mich selbst zu verstehen begann, nie gelernt hatte.

»Nanny«, sagte ich – und ich war noch nie so nervös gewesen –, »Nanny, kennst du Gott?«

Sie wischte sich eine Träne ab. »Ja.«

»Okay«, erwiderte ich, »weißt du, warum er Jesus geschickt hat?«

»Also das habe ich nie verstanden. Denn er ist Gott, aber dann war er auch ein Mensch, und ich begreife wirklich nicht, warum er gestorben ist, wenn er doch Gott ist.«

DA WAR SIE: MEINE CHANCE. »NANNY, DARF ICH DIR EINE GESCHICHTE ERZÄHLEN?«

Da war sie: meine Chance. Ich schickte ein Stoßgebet zum Himmel, rannte zu meinem Auto, schnappte mir meine Bibel mit den in Rot notierten Versen darin, eilte zurück und legte los. »Nanny, darf ich dir eine Geschichte erzählen?«

Sie putzte sich die Nase und nickte.

»Es gibt einen Gott, Nanny. Einen vollkommenen Gott, der dich vollkommen liebt. Er möchte eine perfekte Beziehung zu dir haben, aber es gibt ein Problem: Wir alle genügen seinen Maßstäben nicht. Da ist diese Sache, die man Sünde nennt. Weißt du, was Sünde ist?«

»Meinst du die Tatsache, dass ich wirklich egoistisch bin?«

Ich lächelte. »Ja genau, Nanny.«

»Ich habe deswegen auch immer ein schlechtes Gewissen.«

»Ich auch, Nanny. Aber genau da kommt Gott ins Spiel. Er hat Jesus geschickt, seinen Sohn, der das perfekte Leben gelebt hat, das du nicht leben konntest, der den Tod starb, den du verdient hast, und der von den Toten auferstanden ist, um zu beweisen, dass er mächtiger ist als die Sünde, als ihre Auswirkungen und sogar mächtiger als der Tod selbst. Wenn du deinen Glauben und dein Vertrauen in Jesus und seinen Tod und seine Auferstehung setzt und nicht in deine eigenen Fähigkeiten, gut genug für den Himmel zu sein, kannst du gerettet werden. Denn wenn du mit deinem Mund bekennst, dass Jesus der Herr ist, und in deinem Herzen glaubst, dass Gott ihn von den Toten auferweckt hat, Nanny, wirst du gerettet werden.« Ich schaute meine Großmutter an. »Nanny, glaubst du das?«

DENN WENN DU MIT DEINEM MUND BEKENNST,
DASS JESUS DER HERR IST, UND IN DEINEM HERZEN GLAUBST,
DASS GOTT IHN VON DEN TOTEN AUFERWECKT HAT, NANNY,
WIRST DU GERETTET WERDEN.«

»Ja«, sagte sie, und die Tränen liefen ihr übers Gesicht. »Was soll ich tun?«

Meine Nervosität flammte wieder auf. Ich stehe oft vor einem großen Publikum und halte Vorträge, aber vor Nanny bekam ich weiche Knie. »Wir können beten«, sagte ich schließlich.

»Warte!«, sagte sie.

Aber ich wollte nicht mehr warten. Das war genau der richtige Moment in Gottes Timing. »Was ist, Nanny?«

Sie sah beunruhigt aus. »Ich weiß nicht, was ich sagen soll.«

»Sei einfach ehrlich.«

Sie schloss die Augen und sprach das schönste Gebet, das ich je gehört hatte: »Gott, ich bin wirklich egoistisch. Und jetzt weiß ich, dass du deshalb deinen Sohn geschickt hast, der gestorben ist, und deshalb, Gott, hilf mir, nicht länger darauf zu warten, dass andere mich lieben. Hilf mir, andere zuerst zu lieben, weil ich weiß, dass ich bereits geliebt bin. Hilf mir. Amen.«

Fünf Jahre später starb Nanny, nur zehn Tage vor ihrem hundertsten Geburtstag. Wir wollten alle, dass sie hundert Jahre alt wird, weil wir dachten, das wäre cool. Aber sie sagte immer: »Ich will nicht hundert werden, denn das ist alt.«

Ich vermisse sie so sehr. Aber ich bin überzeugt davon, dass sie jetzt bei Jesus ist und auf mich wartet. Wahrscheinlich serviert sie ihm Diät-Limo und Zimt-und-Zucker-Toast. Ich weiß nicht, ob das wirklich das erste Mal war, dass sie eine Glaubensentscheidung getroffen hat, oder ob sie schon in jungen Jahren eine getroffen hatte und ihren Teil der Geschichte einfach vergessen hatte. Aber was für eine Gelegenheit hatte ich in dieser Begegnung mit ihr.

Die gleiche Gelegenheit bietet sich jetzt auch dir.

Wenn du mit deinem Mund bekennst, dass Jesus der Herr ist, und in deinem Herzen glaubst, dass Gott ihn aus den Toten auferweckt hat, wirst du gerettet

werden. Denn man wird für gerecht erklärt, wenn man mit dem Herzen glaubt, man wird gerettet, wenn man seinen Glauben mit dem Mund bekennt. Denn die Schrift sagt: »Wer ihm vertraut, wird nicht enttäuscht werden.«
RÖMER 10,9-11

HAST DU JEMALS DEINEN GLAUBEN UND DEIN VERTRAUEN IN JESUS UND SEIN OPFER GESETZT?

Hast du jemals deinen Glauben und dein Vertrauen in Jesus und sein Opfer gesetzt? Oder hast du dich vielleicht schon einmal für Jesus entschieden, aber dann bist du doch wieder darauf verfallen, dein eigenes Rennen zu laufen? Hast du dein Leben in eigener Regie gelebt und bist jetzt müde? Vielleicht bist du ziellos den Berg (den man Leben nennt) rauf- und runtergerannt, und du bist erschöpft, und du dachtest, du könntest es vielleicht wirklich schaffen – vielleicht könntest du dich selbst perfektionieren und in Ordnung bringen, vielleicht könntest du einen Weg finden, die endlose Leiter zu einer besseren Beziehung zu Gott aus eigener Kraft zu erklimmen. Und selbst wenn du es nicht ganz geschafft hast, hast du dich vielleicht trotzdem ganz gut gefühlt, weil du immerhin ein bisschen weiter hinaufkommen konntest als die Menschen in deinem Umfeld.

HAST DU DEIN LEBEN IN EIGENER REGIE GELEBT UND BIST JETZT MÜDE?

Lauf zu Jesus und sprich ehrlich mit ihm darüber, wo du warst und wo du bist, so wie Nanny es getan hat. Egal, ob du dein Leben zum ersten Mal Jesus anvertrauen willst oder ob du dein Rennen unterbrechen und Jesus neu begegnen willst – warte keine Sekunde länger. Sprich mit ihm. Und anschließend würde ich dir empfehlen, ein Gespräch mit jemandem zu führen, dem du vertraust und der dir zeigen kann, wie du auf die Einladung von Jesus reagieren und ihm nachfolgen kannst.

Stell dir vor, du legst dieses Buch aus der Hand und begegnest anderen mit Liebe, nicht weil sie es verdienen, sondern weil du endlich erkannt hast, dass du das bisher nie getan hast und auch nie aus dir selbst heraus könntest. Das ist Gnade. Das ist Liebe. Das ist die größte Geschichte, die je geschrieben wurde, und sie wird immer noch geschrieben … durch uns.

Aber vielleicht geht es dir wie meinen Studenten an jenem Tag im College: Du kennst Jesus schon dein ganzes Leben lang, aber du verstehst nicht wirklich, wie du diese Liebe leben sollst, mit der du ihm antworten möchtest. Vielleicht hast du bis jetzt einen großen Teil deiner Rolle in Gottes Geschichte verpasst, weil du mit dieser ganzen Rennerei beschäftigt warst. Gott lädt dich ein, ihm neu zu begegnen! Heute. Hier und jetzt bist du eingeladen, deinen Teil beizutragen, indem du immer wieder die Begegnung mit ihm suchst, damit Gnade, Liebe und Barmherzigkeit durch dich überfließen können in das Leben von anderen, die du herumrennen siehst. Deine Rolle in Gottes Geschichte, deine Antwort auf das, was Jesus getan hat, wartet darauf, gelebt zu werden.

DEINE ROLLE IN GOTTES GESCHICHTE, DEINE ANTWORT AUF DAS, WAS JESUS GETAN HAT, WARTET DARAUF, GELEBT ZU WERDEN.

Deshalb ermutige ich euch nun auch, Geschwister, aufgrund der Barmherzigkeit, die Gott uns geschenkt hat, euch ganz, einschließlich eures Körpers, Gott zur Verfügung zu stellen wie ein Opfer, das lebendig, heilig und ihm wohlgefällig ist. Das soll der Ausdruck eures Gottesdienstes sein, die angemessene Antwort auf Gottes Wort. Lasst euch nicht in das vorgefertigte Muster

> des Zeitgeistes pressen. Gestaltet euch stattdessen um, indem ihr ein neues Denken beginnt. Auf diese Weise könnt ihr beurteilen, was dem Willen Gottes entspricht, nämlich das wahrhaft Gute, das, was seine Zustimmung findet und wirklich zum Ziel führt.
> *RÖMER 12,1-2; DB*

Das ist unser Teil: uns ganz Gott zur Verfügung stellen. Selbst in Freiheit und Hoffnung und Freude leben. Menschen in unserem Umfeld, die das Geheimnis noch nicht kennen, zu Jesus bringen. Du wirst dich vielleicht immer noch anstrengen – vielleicht wirst du sogar rennen –, aber du wirst es mit einem klaren Ziel und aus Liebe tun. Und du wirst es in dem Wissen tun, dass du nicht rennst, um deine Schuld oder Sünde oder Schulden abzuarbeiten und zu beweisen, dass du gut genug bist. Sondern du rennst, um anderen die gute Nachricht von der Freiheit zu bringen. Das ist deine Antwort darauf, dass Jesus deine Schuld und Sünde und Scham besiegt hat.

DAS IST UNSER TEIL: UNS GANZ GOTT ZUR VERFÜGUNG STELLEN. SELBST IN FREIHEIT UND HOFFNUNG UND FREUDE LEBEN.

Und es gilt immer noch: Du bist nicht die Hauptperson dieser universellen Geschichte – Gott ist es. Aber du hast definitiv einen Platz darin. Deshalb ist Jesus gekommen: um dich einzuladen, an dem, was er tut und wie er die Welt erlöst, mitzuwirken. Wenn du einen Platz in Gottes Geschichte haben willst, musst du zuerst im Glauben zu ihm kommen. Und wenn du zu ihm gehörst, werden andere ihn in deinem Leben entdecken.

TEIL 3

Deine Rolle ist wichtig

Ein altes Theatersprichwort besagt: »Es gibt keine kleinen Rollen, nur kleine Schauspieler.« Ich glaube, damit soll die Wunde, der verletzte Stolz, von Schauspielern verbunden werden, die sich für die Hauptrolle beworben hatten, aber stattdessen eine Nebenrolle bekommen haben. Es soll ihnen helfen zu sagen: »Nun gut, dann werde ich eben die beste ›Frau Nummer 3‹ oder der beste Kammerdiener sein, den diese Stadt je gesehen hat!«

Ich kann nicht sagen, ob dieses kleine Sprichwort schon jemals irgendwem geholfen hat, sich besser zu fühlen, aber es trifft den Nagel auf den Kopf: Man muss nicht der Star der Show sein, um zu wissen, dass die eigene Rolle wichtig ist und man sein Bestes geben sollte.

Wenn es um das christliche Leben geht, sind wir, wie wir gesehen haben, nicht die Stars. Gott ist es. Er entfaltet diese unglaubliche Geschichte, und er hat uns eingeladen, in der Show mitzuwirken. Aber anders als vielleicht Frau Nummer 3 oder der Kammerdiener ist die Rolle, um die er dich gebeten hat, von großer Bedeutung.

WENN DU VERSTEHST, DASS GOTT DICH FÜR WICHTIG HÄLT, KANNST DU AUFHÖREN, JEDEM, DEM DU BEGEGNEST, ZU BEWEISEN, DASS DU WICHTIG BIST.

Wenn du verstehst, dass Gott dich für wichtig hält, hat das einen wunderbaren Nebeneffekt: Du kannst aufhören, jedem, dem du begegnest oder der dich vielleicht online sehen könnte, zu beweisen, dass du wichtig bist. Stimmt's? Stimmt.

Alles, was dir passiert

Eine Möglichkeit, wie Gott deiner Rolle Bedeutung zumisst, besteht darin, dass er Ereignisse und Situationen, die dir widerfahren, dazu benutzt, anderen zu helfen.

Egal, was du erlebst oder durchmachen musst – es geht nicht nur um dich; und das, was es für dein Leben bedeutet, soll nicht bei dir enden. Es ist immer dazu gedacht, über dich hinauszugehen und das Leben anderer zu beeinflussen. Das betrifft deine Vergangenheit, deine Gaben, deine Familie, deine Kämpfe, deine Gesundheit und alles, was in der Kirche passiert, wenn du das nächste Mal hingehst.

Wenn wir die Ereignisse unseres Lebens – einschließlich unserer schlechten Entscheidungen – Gott hinlegen, damit er sie gebraucht, geschehen erstaunliche Dinge.

WENN WIR DIE EREIGNISSE UNSERES LEBENS – EINSCHLIESSLICH UNSERER SCHLECHTEN ENTSCHEIDUNGEN – GOTT HINLEGEN, DAMIT ER SIE GEBRAUCHT, GESCHEHEN ERSTAUNLICHE DINGE.

Nehmen wir zum Beispiel die biblische Geschichte, die wir »Die Frau am Brunnen« nennen. Die Geschichte steht in Johannes 4 und beginnt wie folgt:

> Jesus erfuhr, dass die Pharisäer gehört hatten, dass er eine größere Gruppe von Schülern um sich versammelte und mehr Menschen im Wasser untertauchte als Johannes. Dabei vollzog er ja nicht selbst diese Taufen, sondern seine Schüler! Daraufhin verließ er die Gegend von Judäa und wanderte wieder zurück nach Galiläa. Auf diesem Weg musste er durch das Gebiet von Samaria ziehen.
>
> *JOHANNES 4,1-4; DB*

Kurze Geografiestunde: Der nördliche Teil Israels wurde Galiläa genannt. Hier ist Jesus aufgewachsen, und sein öffentliches Wirken spielte sich überwiegend hier ab. Der südliche Teil Israels wurde Judäa genannt. Dort liegt Jerusalem und ebenso Jericho, Bethlehem und viele andere Orte, von denen du wahrscheinlich schon gehört hast.

Aber in der Mitte Israels gab es einen Landesteil namens Samaria. Er hatte früher zu Israel gehört. Tatsächlich war Samaria die Hauptstadt Israels, bevor König David Jerusalem zur Hauptstadt machte.

Im Laufe der Jahrhunderte wurde das Königreich, das unter David und Salomo geeint war, durch Bürgerkriege gespalten, und irgendwann fiel eine andere Großmacht ein und eroberte Samaria. Die Eroberer brachten ihre eigene Religion mit, und so vermischten sich in Samaria viele Glaubensrichtungen. Jahrhunderte später wurde das Gebiet von den Römern erobert, die nicht wirklich zwischen Juden und Samaritanern unterscheiden konnten.

Die Juden und die Samaritaner wussten jedoch sehr genau zu unterscheiden, und beide Gruppen glaubten, dass die jeweils andere Gruppe den wahren Glauben an Gott, Mose und die Heilige Schrift verlassen hatte. Da Israel größer war als Samaria und mehr Menschen und mehr Macht hatte, konnte sich ihre Version der Ereignisse irgendwie durchsetzen.

Aber die beiden Gruppen hassten sich gegenseitig. Wenn ein Jude von Galiläa nach Judäa reisen musste, konnte er das problemlos in nur ein paar Tagen tun – wenn er den direkten Weg nahm –, was bedeutete, dass er durch Samaria wandern musste.

Ha! Ausgeschlossen. Jeder Jude würde lieber etliche zusätzliche Tage und Kilometer für die Reise in Kauf nehmen, als einen Fuß in dieses verdorbene Land der Gotteslästerer zu setzen!

Es muss die Jünger also sehr verwirrt haben, als Jesus den Weg durch Samaria nehmen »musste«, wie wir in der oben zitierten Bibelstelle gesehen haben. *Nein, er muss keineswegs durch Samaria gehen*, dachten sie wahrscheinlich. *Was wir tun müssen, ist vielmehr, Samaria ganz zu meiden.*

Kommt dir diese Haltung der Jünger bekannt vor? Gibt es Menschen, die du lieber meidest, als mit ihnen zu sprechen? Würdest du lieber eine Stunde Umweg in Kauf nehmen, als auch nur in die Nähe dieser Person zu kommen? Und dann erlebst du, wie dich jemand mitschleift – und zwar dieser Person direkt unter die Nase?

Doch Johannes schreibt, Jesus »musste« durch Samaria gehen. Hm. Wenn man liest, dass Jesus, der König und Schöpfer des Universums, etwas tun »musste«, sollte man aufhorchen. Denn Jesus musste gar nichts tun. Aber offenbar musste er durch Samaria gehen. Und warum?

> Er kam zu der samaritanischen Stadt Sychar, in der Nähe des Feldes, das Jakob seinem Sohn Josef gegeben hatte. Dort befand sich der Jakobsbrunnen. Erschöpft von der langen Wanderung setzte Jesus sich um die Mittagszeit an den Brunnen. Kurz darauf kam eine Samaritanerin, um Wasser zu schöpfen.
> *JOHANNES 4,5-7*

Jesus ist erschöpft. Ich finde es so tröstlich, dass wir uns mit Jesus identifizieren können und er sich mit uns. Er ist müde, also setzt er sich hin. Es ist die jüdische sechste Stunde, das ist der Mittag. Während er dort an einem Brunnen sitzt, kommt eine Frau aus der Stadt mit einem Eimer zum Brunnen.

Das ist ein Hinweis auf unsere Geschichte, aber er ist leicht zu übersehen. Normalerweise wäre eine samaritanische Frau damals gleich morgens zum Brunnen gegangen, um Wasser zu schöpfen und ihre Familie zu versorgen, bevor die glühende Hitze des Nahen Ostens sich über das Land legt. Aber diese Frau kommt mittags zum Brunnen. Und warum?

DIE FRAU TUT ALLES, UM DEN MENSCHEN AUS DEM WEG ZU GEHEN, WÄHREND JESUS DEN ÜBLICHEN JÜDISCHEN WEG VERLÄSST, UM SIE ZU TREFFEN.

Weil sie sich versteckt – so wie Adam und Eva versucht haben, sich vor Gott zu verstecken. Die Frau tut alles, um den Menschen aus dem Weg zu gehen, während Jesus den üblichen jüdischen Weg verlässt, um sie zu treffen. Sie dachte, dass um diese Zeit niemand sonst am Brunnen sein würde, denn es ist heiß, und es ist die Mittagszeit.

> Jesus sagte zu ihr: »Bitte, gib mir zu trinken.« Er war zu diesem Zeitpunkt allein, denn seine Jünger waren ins Dorf gegangen, um etwas zu essen zu kaufen. Die Frau war überrascht, denn sonst wollen die Juden nichts mit den Samaritanern zu tun haben. Sie erwiderte: »Du bist ein Jude und ich bin eine Samaritanerin. Warum bittest du mich, dir zu trinken zu geben?«
> Jesus antwortete: »Wenn du wüsstest, welche Gabe Gott für dich bereithält und wer der ist, der zu dir sagt: ›Gib mir zu trinken‹, dann wärst du diejenige, die ihn bittet, und er würde dir lebendiges Wasser geben.«
> »Aber, Herr, du hast weder ein Seil noch einen Eimer«, entgegnete sie, »und dieser Brunnen ist sehr tief. Woher willst du denn dieses lebendige Wasser nehmen? Bist du etwa größer als unser Vater Jakob, der uns diesen Brunnen hinterließ? Wie kannst du besseres Wasser versprechen, als er und seine Söhne und sein Vieh hatten?«
> Jesus erwiderte: »Wenn die Menschen dieses Wasser getrunken haben, werden sie schon nach kurzer Zeit wieder durstig. Wer aber von dem Wasser

trinkt, das ich ihm geben werde, der wird niemals mehr Durst haben. Das Wasser, das ich ihm gebe, wird in ihm zu einer nie versiegenden Quelle, die unaufhörlich bis ins ewige Leben fließt.«

»Bitte, Herr«, sagte die Frau, »gib mir von diesem Wasser! Dann werde ich nie wieder durstig und brauche nicht mehr herzukommen, um Wasser zu schöpfen.«

JOHANNES 4,7-15

Ich bin immer wieder fasziniert von dem Schlagabtausch, der hier stattfindet.

»Du willst Wasser? Wie wäre es mit lebendigem Wasser?«

»Lebendiges Wasser? Du hast nicht mal einen Eimer für normales Wasser. Aber klar, ich nehme dein magisches Wasser, du seltsamer Vogel. Das spart mir eine Menge Zeit!«

»Geh, rufe deinen Mann und komm mit ihm hierher«, sagte Jesus zu ihr.

»Ich habe keinen Mann«, entgegnete die Frau.

Jesus sagte: »Das stimmt! Du hast keinen Mann. Du hattest fünf Ehemänner, und mit dem Mann, mit dem du jetzt zusammenlebst, bist du nicht verheiratet. Das hast du richtig gesagt.«

»Herr«, sagte die Frau, »ich sehe, dass du ein Prophet bist.«

JOHANNES 4,16-19

Puh, jetzt wird's heikel, oder?

Hat er wirklich über ihre fragwürdige Vergangenheit gesprochen? Oh, ja. Hat er.

Jesus weiß alles über dich … und er möchte dich immer noch für sich gewinnen, auch wenn du dich nicht für ihn interessierst. Das finde ich bemerkenswert. Er kennt dich durch und durch und liebt dich immer noch … ohne Abstriche.

JESUS WEISS ALLES ÜBER DICH ... UND ER MÖCHTE DICH IMMER NOCH FÜR SICH GEWINNEN. ER KENNT DICH DURCH UND DURCH UND LIEBT DICH IMMER NOCH.

Ich vermute, dass diese Frau denkt: *Ach, der Typ ist auch noch ein Gedankenleser. Ich sollte besser schnell das Thema wechseln!* Also holt sie ihr todsicheres Ablenkungsmanöver hervor: den ältesten Streitpunkt zwischen Juden und Samaritern:

> »Sage mir doch, warum ihr Juden darauf besteht, dass Jerusalem der einzige Ort ist, um Gott anzubeten. Wir Samaritaner dagegen behaupten, dass es dieser Berg hier ist, wo unsere Vorfahren gebetet haben.«
> Jesus erwiderte: »Glaube mir, es kommt die Zeit, in der es keine Rolle mehr spielt, ob ihr den Vater hier oder in Jerusalem anbetet. Ihr Samaritaner wisst wenig über den, den ihr anbetet – wir Juden dagegen kennen ihn, denn die Erlösung kommt durch die Juden. Aber die Zeit kommt, ja sie ist schon da, in der die wahren Anbeter den Vater im Geist und in der Wahrheit anbeten. Der Vater sucht Menschen, die ihn so anbeten. Denn Gott ist Geist; deshalb müssen die, die ihn anbeten wollen, ihn im Geist und in der Wahrheit anbeten.«
> Die Frau sagte: »Ich weiß, dass der Messias kommen wird – der, den man den Christus nennt. Wenn er kommt, wird er uns alle diese Dinge erklären.«
> Da sagte Jesus zu ihr: »Ich bin es, der mit dir spricht!«
> *JOHANNES 4,20-26*

Jesus löst die jüdisch-samaritanische Frage und geht dann zu wichtigeren Themen über.

Ich vermute, dass diese Frau, nachdem Jesus ihr Privatleben angesprochen und ihre Streitfrage ausführlich beantwortet hat, nur zu gern bereit ist, das Gespräch zu beenden: »Nun, das ist deine Meinung. Ich schätze, wir werden es nicht wirklich wissen, bis der Messias kommt, was?«

Und dann lässt Jesus die Maske fallen: »Ich … der mit dir spricht … ich bin es.«

ICH BIN ES. »DU WOLLTEST DEN MESSIAS FRAGEN? NUN, HIER BIN ICH. FRAG MICH.«

Ich bin es. »Du wolltest den Messias fragen? Nun, hier bin ich. Frag mich.«

Unglaublich!

Warum musste Jesus durch Samaria gehen? Damit er dieses Gespräch führen konnte.

Ja, er war auf dem Weg nach Jerusalem, wo wichtige Ereignisse stattfinden sollten. Aber er hat nicht gewartet, bis er sein Ziel erreicht hatte, um das umzusetzen, wozu er gekommen war. Jesus lebte seine Berufung schon *auf dem Weg dorthin*, wo er hinwollte.

Wie willst du einmal auf dein Leben zurückblicken? Wenn der letzte Tag deines Lebens anbricht und jemand dich fragt, wie du gelebt hast, was wirst du dann sagen? Wirst du sagen: »Oh, jetzt, wo ich hier am Ende angelangt bin, möchte ich anfangen, Gott zu dienen«? Wirst du sagen: »Oh ja, jedes Mal, wenn ich eine wichtige Station auf meinem Weg erreicht hatte, hab ich diese Sache mit dem ›Leben für Gott‹ wieder rausgekramt und eine Show hingelegt«?

Nein, so funktioniert das nicht. Wie du dein Leben gelebt haben wirst, wenn du diesen letzten Tag erreichst, entscheidet sich daran, wie du heute lebst. Nicht nur in diesen ganz besonderen Momenten, sondern in jedem Moment auf dem Weg dorthin. Ich habe den Satz gehört: Die Art und Weise, wie man irgendetwas tut, ist die Art und Weise, wie man alles tut. Deshalb ist es wichtig, wie du heute lebst. Du möchtest einmal sagen können: Ich habe mein Leben für Gott und seine Sache gelebt? Wie dienst du ihm dann heute? Wie dienst du ihm, wenn niemand zuschaut und niemand bemerkt, was du heute getan hast?

Jesus war auf dem Weg zu einem anderen Ort, aber er hielt an und nutzte die Gelegenheit, die sich ihm bot. Wenn es darum geht, dass ein Mensch etwas braucht, ist niemand eine Ablenkung. Jesus lebte seine Berufung unterwegs – nicht erst, sobald er ankam, die richtigen Leute traf, den richtigen Job bekam, ein Kind hatte oder ihm eine bedeutende Gelegenheit geboten wurde.

JESUS LEBTE SEINE BERUFUNG UNTERWEGS – NICHT ERST, SOBALD ER ANKAM, DIE RICHTIGEN LEUTE TRAF, DEN RICHTIGEN JOB BEKAM, EIN KIND HATTE ODER IHM EINE BEDEUTENDE GELEGENHEIT GEBOTEN WURDE.

Lässt du dich unterbrechen?

Ich saß im Flugzeug, um auf einer Pastorenkonferenz zu sprechen. Ich war ganz begeistert über die Chance, zu dieser wichtigen Konferenz zu fliegen und auf dieser wichtigen Bühne zu stehen und zu diesen wichtigen Leuten zu sprechen. Ich muss zugeben, dass ich mich selbst ziemlich wichtig gefühlt habe. Alles, was ich tun musste, war, dorthin zu kommen … und mein Redemanuskript auf meinem Laptop aufzufrischen.

Also suchte ich mir meinen Platz im Flugzeug, steckte mir meine Kopfhörer in die Ohren, um meinen Sitznachbarn mitzuteilen, dass ich beschäftigt bin, okay? Ich startete meine PowerPoint-Präsentation und tippte für den wichtigen Vortrag, der in Kürze anstand, diese Frage ein: »Haben Sie ein besonderes Programm für Familien – und haben es trotzdem versäumt, Familien wirklich zu unterstützen?«

Ich war stolz auf diese Frage. Ich dachte: *Das ist gut. Damit habe ich ihre Aufmerksamkeit.* Denn wer von uns hat sich nicht schon einmal so sehr auf seine Aufgaben konzentriert, dass wir die Menschen neben uns übersehen haben? Also, ich wollte diese Pastoren wirklich hart rannehmen – ich meine, ich wollte sie herausfordern, und alle ihre Gemeinden würden davon profitieren. *Ähm.*

Während ich die Frage bewunderte, die ich getippt hatte, beugte sich der Mann neben mir zu mir. »Entschuldigen Sie.«

Ich dachte: *Toll, ich sitze neben jemandem, der keine sozialen Signale versteht.* Also zog ich einen Ohrstöpsel heraus und hielt ihn knapp von meinem Ohr weg, als ob ich ihn gleich wieder einstecken wollte. »Ja?«

»Sind Sie, also … sind Sie zufällig Christin?«

Beinahe hätte ich laut losgelacht. Ich hatte wirklich wichtige Arbeit zu erledigen, also musste ich ihn schnell loswerden – und ihm vielleicht noch einmal zu verstehen geben, dass ich nicht gestört werden wollte. »Aber sicher doch. Gelobt sei der Herr. Gott ist gut. Okay, ich muss weitermachen.« Und ich steckte den Ohrstöpsel wieder ein.

Hey, ich war auf dem Weg zum Einsatz. Ich wollte diese Pastoren drankriegen, weil sie vor lauter Denken in »familiengerechten Programmen« die Familien selbst aus dem Blick verloren. Ha!

Der Mann tippte mir auf die Schulter. »Ich habe eine Tochter.«

Ich meine, ernsthaft, konnte der Typ einen Wink mit dem Zaunpfahl nicht verstehen?

»Sie ist auch Christin.« Offenbar verstand er den Wink nicht. »Sie ist sogar in der Kinderarbeit ihrer Gemeinde aktiv.«

»Wow. Das ist klasse.«

Bitte lass mich in Ruhe.

Aber er sprach immer wieder von seiner Tochter. Sie ist die Beste. Sie gehört zu den oberen drei Prozent ihrer Highschool-Klasse. Sie ist eine unglaubliche Sportlerin. Blah, blah, blah.

Das war der Moment, in dem es mir wie Schuppen von den Augen fiel. Ich weiß nicht mehr, welche genervte Bemerkung ich gerade beschloss von mir zu geben, aber ich weiß noch, dass ich die Frage, die ich gerade geschrieben hatte, las – und sie endlich *sah*.

Was für ein selbstverliebter Dummkopf ich doch war. Peinlich, das zuzugeben.

Ich schaltete den Computer aus, nahm beide Ohrstöpsel vollständig heraus und sah den Mann an.

Ich hatte gehört, was er erzählte (wollte mich aber nicht damit auseinandersetzen), dass er nur die Dinge lobte, in denen seine Tochter gut war. Ich habe lange genug in der Jugendarbeit gearbeitet, um zu wissen, dass ein Vater, der seiner Tochter nur Komplimente für das macht, was sie gut kann, ihr Selbstbild in diese Richtung lenken würde: die Beste sein zu müssen.

Das funktioniert wunderbar, wenn sie die Beste ist, wenn sie ein großer Fisch in einem kleinen Teich ist. Aber wenn sie die Schule verlässt und aufs College geht, ist sie vielleicht nicht mehr die Beste. Oder vielleicht ist sie es, aber nur ganz knapp. Was passiert mit ihrem Selbstvertrauen, wenn sie zwischen hundert »großen Fischen« aus kleinen Teichen schwimmt, von denen jeder genauso gut oder besser ist als sie?

Als ich diesem Mann zuhörte, dachte ich: *Oh, seine Tochter! Seine arme Tochter.*

Da wurde mir klar, dass ich es immer noch nicht verstanden hatte. Zuerst hatte ich mich mit meinen eigenen Plänen und Aufgaben beschäftigt und war nicht bereit gewesen, mich von jemandem unterbrechen zu lassen, der so viel redete. Dann hatte ich mich darauf versteift, zu durchschauen, wie dieser Mensch seiner

Tochter unabsichtlich schadete. Schließlich steckte mir Gott ein Licht auf. Er sagte: »Sieh ihn einfach.«

Das Wort *ermutigen* bedeutet »Mut machen«. Wenn du den Menschen nur Mut machst, immer die Besten zu sein, rate mal, wohin sie rennen werden, um Mut zu finden? Dahin, die Besten zu sein. Wir müssen mit unseren Worten vorsichtig sein, denn sie haben Macht. Wenn ich einen Freund oder eine Freundin ermutigen will, habe ich mir folgende Formulierung angewöhnt: »Darin sehe ich, wie Christus in dir wirkt …« Das macht uns nicht nur Mut, ihm ähnlicher zu werden, sondern wir werden uns auch unweigerlich an ihn wenden, wenn wir Mut nötig haben.

BIST DU BEREIT, DICH UNTERBRECHEN ZU LASSEN?
ODER BIST DU AUF DEIN ZIEL FOKUSSIERT UND LEGST
AUF DEM WEG DORTHIN DEINE BERUFUNG AUF EIS?

Bist du bereit, dich unterbrechen zu lassen? Ich war es an jenem Tag nicht. Ich war fokussiert auf mein Ziel, und auf dem Weg dorthin habe ich meine Berufung auf Eis gelegt.

Nach zehn Minuten, in denen ich ihn einfach nur ansah und ihm mit Mitgefühl begegnete, hatte dieser gestandene und kultivierte Mann, der, wie sich herausstellte, Anwalt war, Tränen in den Augen. Er schüttete mir sein Herz aus – er redete über seinen Kummer wegen seiner Kinder und seiner Ehe und über seine Ängste und Sorgen, weil er so viel unterwegs war, und das eröffnete mir die Möglichkeit, ihm Worte der Wahrheit zu sagen.

Und das nur, weil ich gegen meinen Willen unterbrochen worden war und es – immerhin nach einigen Anläufen – zugelassen hatte.

Lässt du dich unterbrechen? »Musst« du durch Samaria gehen? Bist du offen für die Momente, in denen Gott dich neben sich haben möchte? Oder willst du ihm nur dienen, wenn du irgendwo »wichtig« sein kannst?

Zurück nach Samaria

Jesus hat gern Fragen gestellt. In den Evangelien sind 307 Fragen von Jesus berichtet. Aber Fragen beantworten war nicht so seins – jedenfalls antwortete er selten direkt. Wir lesen 183 Fragen, die Menschen Jesus stellen, aber nur dreimal gibt er eine direkte Antwort.

Unser Meister der Fragen schießt also eine davon auf die samaritanische Frau am Brunnen ab: »Gibst du mir etwas zu trinken?« (Johannes 4,7).[4]

Was für eine einfache, grundlegende, unglaublich aufgeladene Frage. Wirst du, eine samaritanische Frau, die sich vor den Leuten versteckt und von einer schlechten Beziehung zur nächsten springt, mir, einem männlichen jüdischen Rabbi, etwas zu trinken geben? Wirst du mich dein Gesicht sehen lassen oder wirst du dich vor Scham verstecken? Wirst du deinen Hass, den die Samariter gegen die Juden hegen und umgekehrt, beiseitelassen und mir nach all den Jahrhunderten des Konflikts eine Gefälligkeit erweisen? Wirst du, eine unverheiratete Frau, so kühn sein, mit einem jüdischen Mann zu sprechen, ohne dass Zeugen oder Anstandswauwaus dabei sind? Wirst du, die Gott nicht auf die richtige Weise anbetet, dir nicht zu gut sein, mir zu dienen, mir, von dem du weißt, dass er spürt, dass du auf falsche Weise Gott anbetest? Wirst du, eine Städterin, deine Pflicht tun, einen Reisenden und Fremden aufzunehmen, auch wenn er dich infrage stellt?

Genau. Eine ganz einfache Frage.

Jesus ist bereit, sich unterbrechen zu lassen. Aber seine Frage zielt darauf, ob die Frau es auch ist.

JESUS IST BEREIT, SICH UNTERBRECHEN ZU LASSEN. ABER SEINE FRAGE ZIELT DARAUF, OB DIE FRAU ES AUCH IST.

Vor nicht allzu langer Zeit – nachdem ich auf jenem Flug meine Lektion hätte lernen sollen – saß ich in meinem Lieblingscafé und arbeitete an einigen Vorträgen, Laptop vor mir und Ohrstöpsel im Ohr. Ich hatte über die Samariterin nachgedacht und gerade diesen Satz geschrieben: »Einfache Fragen führen oft zu göttlichen Begegnungen, wenn wir damit rechnen.«

Sehr beeindruckend, stimmt's? Ich war zufrieden.

Dann kam eine Frau auf mich zu. (War ja klar, oder?) »Entschuldigen Sie, aber wissen Sie vielleicht, wie man einen Macintosh bedient?«

Nicht einen Mac. Nicht ein MacBook oder ein iPad. Einen Macintosh. Wer nannte die Dinger überhaupt so? (Du merkst schon, wie meine Stimmung war, oder?)

Ich zog einen Ohrstöpsel heraus, nur einen halben Zentimeter, und sagte knapp und genervt. »Ja, sicher doch.« Ich steckte den Ohrstöpsel wieder ein und beugte mich über meinen Laptop, als ob ich gerade mit dem allerwichtigsten Projekt in der Geschichte der Menschheit beschäftigt wäre.

Aus den Augenwinkeln sah ich, wie sie zu ihrem Tisch zurückging. Ja!

Das war der Moment, in dem der Heilige Geist mich überführte. Sofort fühlte ich mich schrecklich dafür, wie ich sie behandelt hatte, und dafür, wie ich über sie gedacht hatte.

Du hast es schon erraten: Es war der Moment, in dem ich las, was ich gerade geschrieben hatte. Göttliche Begegnungen ereignen sich, wenn wir damit rechnen. *Autsch!*

Warum unterbrach Gott mich immer, um etwas für andere zu tun, wenn ich gerade dabei bin, mich dafür vorzubereiten, etwas für andere zu tun?

Oh.

DER HEILIGE GEIST ÜBERFÜHRT; ER BESCHÄMT NICHT.

Schön, lasst mich hier mal kurz unterbrechen, um etwas ganz klarzumachen. Was ich in dieser Situation empfand, war keine Scham. Es war Reue, die dann entsteht, wenn Gottes Geist uns etwas klarmacht. Es tat mir zutiefst leid, dass ich das getan hatte, aber ich fühlte mich nicht beschämt und wertlos. Der Heilige Geist überführt; er beschämt nicht. Wenn du Scham empfindest, kommt es nicht von ihm. Er überführt, er lässt uns die Wahrheit der Dinge erkennen, um in uns ein Bewusstsein zu schaffen, das zu Liebe und Gesundung und letztlich zu einer tieferen Beziehung zu ihm führt. Der Feind beschämt, um in uns ein Gefühl von Unbehagen, Unzulänglichkeit und Wertlosigkeit zu erzeugen. Wenn wir auf die Scham hören, haben wir das Bedürfnis, unseren Wert zu beweisen. Wenn Gottes Geist uns etwas aufdeckt, ist das befreiend, nicht erdrückend. Es ist ein Weg, die Ketten der Lügen zu sprengen, die uns gefangen halten. In Gottes Reich ist Versagen ein Ereignis, niemals eine Person.

WENN WIR AUF DIE SCHAM HÖREN, HABEN WIR DAS BEDÜRFNIS, UNSEREN WERT ZU BEWEISEN. WENN GOTTES GEIST UNS ETWAS AUFDECKT, IST DAS BEFREIEND, NICHT ERDRÜCKEND.

Ich nahm meine Ohrstöpsel heraus, ließ sie fallen, wie man ein Mikrofon sinken lässt, und ging zum Tisch dieser Frau. »Hallo, Sie waren eben bei mir. Ich weiß tatsächlich, wie man einen Mac… intosh benutzt. Wie kann ich Ihnen helfen?«

»Oh, wunderbar. Ich habe diesen neuen Computer bekommen, der mir helfen soll, eine Arbeit zu schreiben. Wissen Sie, ich schreibe eine Arbeit, in der ich Islam und Christentum miteinander vergleiche. Ich versuche nur, die Wahrheit zu finden, verstehen Sie?«

Natürlich! Volltreffer! Ich setzte mich also zu ihr, um ihr zu helfen (mit ihrem Computer und ihren Fragen), und wir hatten ein erstaunlich tief gehendes Gespräch.

Aber wie nah war ich daran gewesen, diese Gelegenheit zu verpassen! Solange sich mein Leben um mich drehte, wer weiß, wie viele Gelegenheiten wie diese ich noch verpassen würde?

Auf dem Weg von deiner Gebetsecke zu deinem »Dienst« hat Gott jede Menge Gelegenheiten, dich so wunderbar zu unterbrechen. Wenn du dich unterbrechen lässt. Göttliche Begegnungen gibt es überall, wenn du dafür offen bist. Du könntest sie verpassen. Du könntest Gottes Pläne verpassen, wenn sich dein Leben um deine Pläne dreht. Es gibt nur eins, ein Wesen, um das sich unser Leben drehen sollte.

GÖTTLICHE BEGEGNUNGEN GIBT ES ÜBERALL,
WENN DU DAFÜR OFFEN BIST. DU KÖNNTEST SIE VERPASSEN.
DU KÖNNTEST GOTTES PLÄNE VERPASSEN,
WENN SICH DEIN LEBEN UM DEINE PLÄNE DREHT.

Manchmal beginnen diese unglaublichen Begegnungen mit ganz einfachen Fragen.

»Gibst du mir etwas zu trinken?«

Die Schutzschichten ablegen

Die samaritanische Frau antwortet auf die Frage Jesu ausweichend. Sie stößt eine Debatte an:

> Die Frau war überrascht, denn sonst wollen die Juden nichts mit den Samaritanern zu tun haben. Sie erwiderte: »Du bist ein Jude und ich bin eine Samaritanerin. Warum bittest du mich, dir zu trinken zu geben?«
> *JOHANNES 4,9*

Manche Menschen ziehen es vor zu diskutieren, anstatt sich zu öffnen. Ist dir das auch schon aufgefallen? »Du und ich, wir sollten nicht miteinander reden, weil du anders aussiehst als ich«, sagt die Frau am Brunnen. »Wir kommen aus unterschiedlichen Kulturen und Glaubenssystemen.« Sie ist nicht bereit, sich diesem Fremden gegenüber zu öffnen und verletzlich zu zeigen.

Aber Jesus stellt nicht nur Fragen, er hört sich auch die Antworten an. Denn wenn man zuhört, schafft man eine Gelegenheit, Menschen zu lieben.

Wenn du bereit bist, dich anderen mitzuteilen und deine Gedanken und Verletzungen zu offenbaren – damit man dich kennen kann –, gibst du anderen die Möglichkeit, dich im Gegenzug zu lieben. Nicht in dem Sinne, dass du dir von anderen den Becher füllen lässt, sondern in dem Sinne, dass du erkannt und geliebt wirst, was ein Vorgeschmack darauf ist, wie Jesus dich kennt und liebt. Wie ich bereits sagte: Es ist es wichtig, dass du dein Leben mit anderen teilst. Wenn die Menschen dich nicht kennen, wissen sie auch nicht, wie sie dich lieben können.

Oft gebe ich den Menschen nicht die Möglichkeit, mich zu lieben, weil ich mich ihnen nicht wirklich zeige. In dem Moment, in dem ich meine Schutzschichten ablege und die Menschen sehen, wer ich wirklich bin, bin ich verletzlich. Und dieses Gefühl mag ich nicht.

IN DEM MOMENT, IN DEM ICH MEINE SCHUTZSCHICHTEN ABLEGE UND DIE MENSCHEN SEHEN, WER ICH WIRKLICH BIN, BIN ICH VERLETZLICH. UND DIESES GEFÜHL MAG ICH NICHT.

Der Samariterin gefällt das auch nicht. Aber Jesus setzt das Gespräch fort.

»Gibst du mir etwas zu trinken?«

»Nun, wir sind an einem Brunnen und du hast kein Schöpfgefäß, also wo ist dein Becher? Woher bekommst du dieses sogenannte lebendige Wasser?«, fragt sie.

»Wenn du wüsstet, wer es ist, der dich um etwas zu trinken bittet, hättest du ihn gebeten, und ich hätte dir lebendiges Wasser gegeben.« Kein Wasser für den Augenblick. Überfließendes, lebendiges, ewiges Wasser.

»Äh, toll. Aber was ich sagen wollte: Wo ist dein Becher?«

Ich stelle mir vor, wie er einfach lächelt. »Ich möchte in dir eine Quelle des Wassers schaffen, das ins ewige Leben fließt. Nicht nur für dich, sondern für alle hier. Und nicht nur für jetzt, sondern für immer.«

Dann sagt sie: »Klar, ich nehme ein bisschen von dem, was du anbietest.«

Hast du das auch schon mal gemacht? Hast du schon mal in Gottes Angebot hineingeschnuppert und das ein oder andere herausgepickt? Nur mal ein bisschen gekostet, statt dich hineinzustürzen?

Ehrlich gesagt, ist das manchmal der Punkt, an dem ich stehen bleibe. Jesus, du hast etwas für mich? Großartig, Moment, ich schreib's auf. Hier ein Tröpfchen, da ein Tröpfchen. Okay, ich nehm einen winzigen Schluck. Und dann mach ich weiter wie bisher und streng mich noch ein bisschen mehr an. »Danke, Jesus, für den kleinen Schluck. Jetzt komm ich wieder allein klar.«

Ich habe gelernt, dass Gott nicht nur eine Randfigur in deinem oder meinem Leben sein will. Er will der Mittelpunkt sein. Er ist nicht daran interessiert, dass du ein bisschen Wahrheit von Jesus über dein Leben streust und es damit vielleicht ein bisschen besser machst, so wie du spontan einen Schokoriegel kaufst, wenn du an der Kasse stehst. Nein, nicht so. Denn wenn Jesus sagt: »Komm, folge mir nach«, dann sagt er nicht: »Streu einfach ein bisschen drauf und schau, ob es dir gefällt.« Wenn er dich bittet, ihm zu folgen, sagt er: »Trage dein Kreuz« (siehe Lukas 14,27). Und ich kann mir keine angenehme Weise vorstellen, ein Kreuz zu tragen. Aber nicht selten ist es gerade das, was wir wollen.

Jesus mischt sich also in deine Angelegenheiten ein, genau wie er sich in die Angelegenheiten der Frau am Brunnen einmischt.

JESUS MISCHT SICH ALSO IN DEINE ANGELEGENHEITEN EIN, GENAU WIE ER SICH IN DIE ANGELEGENHEITEN DER FRAU AM BRUNNEN EINMISCHT.

»Geh, rufe deinen Mann und komm mit ihm hierher«, sagte Jesus zu ihr.
»Ich habe keinen Mann«, entgegnete die Frau.
Jesus sagte: »Das stimmt! Du hast keinen Mann. Du hattest fünf Ehemänner, und mit dem Mann, mit dem du jetzt zusammenlebst, bist du nicht verheiratet. Das hast du richtig gesagt.«
JOHANNES 4,16-18

Diese Frau war zu Quellen gelaufen, die nur kurzfristig Befriedigung gaben. Sie dachte, jeder dieser Männer würde ihren Lebensbecher füllen und sie glücklich machen, aber anscheinend war das nicht geschehen. Als das Gespräch mit Jesus beginnt, fragt sie sich vielleicht, ob sie etwas mit diesem jüdischen Durchreisenden anfangen könnte – vielleicht wäre er der Richtige, der ihr die dauerhafte Erfüllung bringen würde, dem sie ihren Becher hinhalten kann.[5]

Wohin bist du bisher gerannt? Wenn ich dich wirklich kennen würde, was würde ich dann wissen? Welche vermeintlichen »Becherfüller« hast du gefunden, die dich für einen Moment befriedigen, aber dann versiegen oder sich gegen dich wenden?

WELCHE VERMEINTLICHEN »BECHERFÜLLER« HAST DU GEFUNDEN,
DIE DICH FÜR EINEN MOMENT BEFRIEDIGEN,
ABER DANN VERSIEGEN ODER SICH GEGEN DICH WENDEN?

Wenn sie uns nicht befriedigen würden, gäbe es gar kein Problem! Ich meine, angenommen unser Becher wäre nie voll, wenn wir, sagen wir mal, Preise gewinnen und stehenden Applaus bekommen, dann wären wir auch nicht versucht, ständig der nächsten Auszeichnung und dem nächsten Beifall nachzujagen.

Leider ist es tatsächlich möglich, genug von diesen vorübergehenden Dingen am Laufen zu haben, sodass wir fast immer das Gefühl haben, ein gewisses Maß an beglückender Füllung in unserem Becher zu haben, sogar über einen ziemlich langen Zeitraum. Denk an berühmte Sportler, die ohne Unterbrechung eine Meisterschaft nach der anderen gewinnen. Denk an Filmstars, die derzeit gefeiert werden. Denk an reiche Menschen, die immer erfolgreicher und reicher werden. Trotzdem haben manche von ihnen ein miserables Selbstwertgefühl.

Natürlich sind einige von ihnen vielleicht keine besonders netten Menschen. Sie haben möglicherweise zerstörte Familien und Ehen hinter sich gelassen. Vielleicht sind sie unerträgliche, sich selbst beweihräuchernde Narzissten. Sicherlich nicht alle, aber hat nicht jeder von uns schon von solchen Typen gehört? Doch irgendwie schaffen selbst sie es, sich zumindest einen kleinen Vorrat in ihrem Becher zu sichern, der sie trägt, bis sie den nächsten großen Hit landen können.

Aber wenn wir sie wirklich *kennen* würden – die Reichen, Berühmten und Schönen, von denen ich spreche –, wüssten wir, wie unglücklich manche von ihnen sind. Wir würden sie in ihren Tiefs sehen, verzweifelt und von Selbstmordgedanken getrieben. Wir würden sehen, dass ihr System einfach nicht funktioniert, zumindest nicht wirklich. Und schon gar nicht auf lange Sicht.

Ein Becher, der nach außen gekippt wird, damit andere ihn füllen, funktioniert immer nur zeitlich begrenzt, so lange, bis man wiederkommt und mehr will. Denn es ist nie genug und nie von Dauer. Er läuft immer wieder leer. Selbst wenn es möglich wäre, immer genug zu erhalten, um den Becher gefüllt zu halten, was nicht der Fall ist, würde er auslaufen. Nur der Schöpfer des Bechers weiß, wie man ihn benutzt und wie man ihn gefüllt hält.

Du weißt vielleicht, dass dir vergeben wurde, aber lebst du auch in dieser Freiheit? Du weißt vielleicht, dass du geliebt wirst, aber lebst du auch selbstbewusst in dieser Gewissheit und erlebst das Leben in Fülle? Mit diesen Fragen will ich dich nicht beschämen, sondern dich zu etwas Neuem, etwas Besserem einladen.

Um ehrlich zu sein, habe ich die Geschichte von der samaritanischen Frau am Brunnen schon oft gehört. Lange Zeit konnte ich mich einfach nicht mit ihr identifizieren. Ich dachte immer, sie wäre es, die echt große Probleme hätte, nicht ich. Du weißt, was ich meine, oder? Meiner Meinung nach war meine Sünde wirklich klein, und so hatte ich das Gefühl, dass ich Jesus nicht brauche.

Viel zu lange dachte ich, dass ich mit dieser Frau nichts anfangen könnte. Bis ich mich mit Jesus, mit diesem Text und meinen

Gedanken über diese Frau auseinandersetzte und eine tiefe Einsicht gewann.

Mir wurde klar: Diese Frau sehnte sich zutiefst nach Liebe, Akzeptanz und Bedeutung – genau wie ich. Hast du das auch schon erlebt? Im nächsten Augenblick wurde mir klar, dass diese Sehnsüchte als solche nicht schlecht sind. Problematisch wird es erst, wenn ich sie von jemand anderem als Jesus erfüllt haben will. Folglich ist es in Ordnung, bedürftig zu sein, solange man weiß, wo man satt wird.

DIESE FRAU SEHNTE SICH ZUTIEFST NACH LIEBE, AKZEPTANZ UND BEDEUTUNG – GENAU WIE ICH.

Brauchst du ihn? Wirklich? Wie sehr? Nur ein wenig? Bist du im Moment bedürftig? Bist du durstig nach mehr von ihm? Jesus sagt, dass die, die hungern und dürsten, gesegnet sind, denn sie sollen satt werden.

Als diese Frau vor Jesus steht, belässt er es nicht bei oberflächlichen Wahrheiten. Er gräbt tief. Das gefällt mir an ihm, denn es bedeutet, dass ich mich nicht mehr verstecken muss. Wenn man dieser Art von Gnade begegnet, wird man von ihr durchtränkt.

> Die Frau ließ ihren Krug neben dem Brunnen stehen, lief ins Dorf zurück und erzählte allen: »Kommt mit und lernt einen Mann kennen, der mir alles ins Gesicht gesagt hat, was ich jemals getan habe! Könnte das vielleicht der Christus sein?«
>
> *JOHANNES 4,28-29*

Wir alle haben unsere Krüge. Wir haben sie Becher genannt. Wie wir entdeckt haben, können sie nie gefüllt werden, wenn sie falsch benutzt werden. Wir müssen aufhören, dadurch Erfüllung zu suchen, dass wir unsere Becher nach außen halten. Alle Bemühungen in dieser Richtung müssen aufgegeben werden.

Also stellt die Frau ihren Krug ab und läuft in die Stadt. Das ist bemerkenswert. Denn sie hat sich vor den Leuten versteckt. Sie kommt mittags zu einem Brunnen, um niemandem zu begegnen. Aber jetzt hat sich etwas verändert, und sie ist bereit, der Demütigung, dem Klatsch und den vielsagenden Blicken der Leute zu trotzen und direkt mit ihnen zu sprechen. Wenn wir Jesus wirklich begegnen, werden wir verändert.

WENN WIR JESUS WIRKLICH BEGEGNEN, WERDEN WIR VERÄNDERT.

Sie eilt in die Stadt und beginnt das Gespräch damit, dass sie genau das erwähnt, wofür sie sich geschämt hat: »Er hat mir alles gesagt, was ich jemals getan habe.« Jetzt, wo sie verwandelt wurde, sieht sie Jesus sehr ähnlich, der ebenfalls sich selbst starb, begraben wurde und zu neuem Leben auferstand, trotz seiner Narben. Und in gewisser Weise gilt das nun auch für sie.

Deine Vergangenheit wird entweder Satans größte Waffe gegen dich sein oder Gottes mächtigstes Werkzeug zu seiner Ehre. Es hängt alles davon ab, wie du deinen Becher hältst. Denn alles, und ich meine wirklich alles, was dir geschieht, soll nicht bei dir enden, sondern immer durch dich hindurch in das Leben von anderen fließen.

DEINE VERGANGENHEIT WIRD ENTWEDER SATANS GRÖSSTE WAFFE GEGEN DICH SEIN ODER GOTTES MÄCHTIGSTES WERKZEUG ZU SEINER EHRE.

Die Frau am Brunnen ist nun noch auf eine weitere Weise Jesus ähnlich: Sie beginnt mit einer Frage. *»Könnte das vielleicht der Mes-*

sias sein? Könnte dies der Christus sein? Wir haben zwar eine andere Theologie als die Juden, aber wir warten alle auf den Messias, der kommt und alles in Ordnung bringt und uns zur Wahrheit führt. Leute, ich glaube, ich habe ihn vielleicht gefunden!«

> Da strömten die Leute aus dem Dorf herbei, um ihn zu sehen ... Viele Samaritaner aus dem Dorf glaubten nun an Jesus, weil die Frau ihnen erzählt hatte: »Er hat mir alles ins Gesicht gesagt, was ich jemals getan habe!« Als sie dann mit Jesus zusammentrafen, baten sie ihn, bei ihnen zu bleiben. Deshalb blieb er noch zwei Tage und noch viel mehr Menschen hörten seine Botschaft und glaubten an ihn.
> Zu der Frau sagten sie: »Nun glauben wir, weil wir ihn selbst gehört haben, und nicht nur aufgrund deiner Worte. Jetzt wissen wir, dass er wirklich der Retter der Welt ist.«
> *JOHANNES 4,30.39-42*

Erinnerst du dich an das Mädchen auf dem Hügel, das die anderen Läuferinnen aufhielt, ihnen sagte, sie könnten aufhören zu rennen, und sie zu »Gott« brachte? Das ist es, was diese Frau getan hat. Manchmal ist es unsere Aufgabe, unsere Nächsten zu Jesus zu bringen, und nicht, ihr Leben für sie in Ordnung zu bringen. Tatsächlich ruft Gott dich nicht dazu auf, andere zu reparieren. Gott ruft dich dazu auf, sie zu lieben und dann die Heilung ihm anzuvertrauen. Deine Rolle ist wichtig. Dein Part ist es, sie zu Jesus zu bringen – und das beginnt oft damit, dass du zu erkennen gibst, dass auch du Jesus brauchst.

TATSÄCHLICH RUFT GOTT DICH NICHT DAZU AUF, ANDERE ZU REPARIEREN. GOTT RUFT DICH DAZU AUF, SIE ZU LIEBEN UND DANN DIE HEILUNG IHM ANZUVERTRAUEN.

Auf dem Weg zu etwas Wichtigem

Lässt du dich unterbrechen? Rechnest du mit göttlichen Begegnungen in deiner nächsten Nähe? Geht es dir vor allem darum, was Gott vorhat?

In der Geschichte von der samaritanischen Frau zeigt Jesus uns, wie es aussieht, wenn wir unsere Bestimmung leben, während wir noch auf dem Weg zum Ziel sind. Er *musste* durch Samaria gehen. Vielleicht wusste er, dass er diese Frau dort treffen würde, und ging deshalb dorthin. Oder vielleicht war es eine zufällige Begegnung, und weil er nach einem göttlichen Moment suchte, fand er einen, und viele Menschen aus dieser Stadt kamen zum Glauben an ihn.

Unsere Aufgabe ist es, Christus zu dienen, indem wir Jesus in unserem eigenen Leben groß machen und tun, was immer es braucht, um Menschen zu lebendigem Wasser zu führen.

Und in der Beziehung zu anderen Menschen: Es kommt nicht darauf an, dass andere von dir beeindruckt sind. Was nützt es ihnen, wenn sie dich großartig finden? Und du musst auch nicht *sie* beeindrucken, denn das hat keinen bleibenden Wert. Du musst nicht den Eindruck vermitteln, stark und unfehlbar zu sein. Zeig dich, wie du bist. Was würden sie von dir wissen, wenn sie dich wirklich kennen würden? Sie würden wissen, dass du bedürftig bist.

Das klingt seltsam, ich weiß. Aber ich verstehe etwas davon, bedürftig zu sein. Ich verstehe mich nicht auf »gut aufgestellt« oder »hat ihr Leben perfekt im Griff«. Ich verstehe etwas von chaotisch sein. Ich empfinde eine Verbundenheit mit einer Frau, die sich wegen all ihrer traurigen und erbärmlichen Entscheidungen, die zu Scham und zu nichts Gutem geführt haben, vor den Leuten versteckte.

Chaotisch, bedürftig und kaputt … es scheint, dass Jesus solchen Menschen immer nahe ist. Es sagt etwas darüber, dass er den Stolzen widersteht, den Demütigen aber Gnade schenkt (Jakobus 4,6). Vielleicht bist das heute du. Und vielleicht wirst du dich heute umsehen und jemanden finden, der chaotisch, bedürftig und kaputt ist, jemanden, der Christus braucht, und du wirst deinen Krug absetzen und ihm stattdessen ein paar Fragen stellen, die ihn zu Jesus führen können.

Christus hat die Macht, alles, was tot ist, lebendig zu machen, auch wenn der Lohn unserer Sünde der Tod ist. Er hat die Macht, uns in ihm voll und ganz lebendig zu machen, damit wir aufhören können mit dem rastlosen Bemühen, andere dazu zu bringen, unsere umgekippten Becher zu füllen, und sie stattdessen ihm hinhalten, damit er sie füllt – zum Überfließen in eine durstige, kaputte Welt.

SCHLUSS

Selbstlos

Wir leben in diesem verrückten Leben in dieser verrückten Welt, und es stellt sich heraus, dass es in der großen Geschichte gar nicht um uns geht.

In jeder einzelnen Szene unseres Lebens sind wir präsent, das stimmt – aber selbst in diesen Szenen geht es nicht in erster Linie um uns. Sie sind alle ein Teil dieses Größeren, das Gott tut.

Es ist seine Geschichte, und er ist die Hauptperson.

Doch wie ein liebender Vater, der seinen Sohn »mithelfen« lässt, den Mülleimer rauszuschieben, lädt Gott uns ein, in seiner Geschichte mitzuwirken.

Er gibt uns freundlicherweise nicht nur irgendeine Rolle, er gibt uns eine wichtige Rolle. Wir dürfen ihm dienen. Er bezieht uns auf Schritt und Tritt in seine göttlichen Begegnungen ein, wenn wir danach Ausschau halten. Das bedeutet, dass wir gewissermaßen seine Partner sind, wenn er seine ganz besondere Geschichte der Erlösung entfaltet. Bist du bereit, deine Rolle darin zu spielen?

ER GIBT UNS FREUNDLICHERWEISE NICHT NUR IRGENDEINE ROLLE, ER GIBT UNS EINE WICHTIGE ROLLE. WIR DÜRFEN IHM DIENEN. ER BEZIEHT UNS AUF SCHRITT UND TRITT IN SEINE GÖTTLICHEN BEGEGNUNGEN EIN, WENN WIR DANACH AUSSCHAU HALTEN.

Das Wichtigste

Bevor du dieses Buch jetzt bald zuklappst, möchte ich dich daran erinnern, dass deine persönliche Beziehung zu Jesus wichtiger ist als alles, was dich sonst noch beschäftigt. Ja, deine persönliche Beziehung zu Jesus ist das Wichtigste in deinem Leben.

Während du also ihm deinen Becher hinhältst und Zeit mit dem Gott verbringst, der dich zu einer Beziehung mit sich selbst eingeladen hat, möchte ich dich ermutigen: Sei in dieser einen Hinsicht offensiv und egoistisch, wenn es um deine Beziehung zu Jesus geht.

Halte ihm deinen Becher hin!

DAS GEBET FÜHRT DICH DIREKT WEG VON DIR UND DEM, WAS DICH BESCHÄFTIGT, HIN ZU GOTT UND DER FRAGE, WAS ER, DER GEBER DES LEBENS, FÜR DICH HABEN KÖNNTE ... UND DANN DURCH DICH TUN MÖCHTE.

Wo fängst du an? Mit dem Gebet. Das Gebet lenkt deinen Blick sofort nach oben. Das Gebet führt dich direkt weg von dir und dem, was dich beschäftigt, hin zu Gott und der Frage, was er, der Geber des Lebens, für dich haben könnte ... und dann durch dich tun möchte. Das Gebet dürfen wir nie vergessen. Die Zeit, die wir mit

Gott verbringen, ist die Quelle der Liebe, die wir dann an andere weitergeben können. Verpasse sie also nicht.

Ich kenne viele Menschen, die in ihrer Familie in schwierigen Beziehungen leben und sich fragen, ob Gott nichts daran ändern will. Ich erinnere sie gern daran, dass Gott vielleicht etwas *durch* sie tun möchte. Vergiss nicht, dass du vielleicht diejenige oder derjenige bist, die oder den Gott benutzen will, um Liebe in die Welt zu bringen. Vielleicht benutzt er dich, um deiner Familie das zu geben, was sie wirklich braucht – nämlich ihn. Gott hat die Angewohnheit, unvollkommene Menschen (und sogar unvollkommene Familien) zu seiner Ehre zu gebrauchen. Du wirst nur dann wissen, was er für dich hat, wenn du dir die Zeit nimmst, um zu erkennen, was er sagt und wohin er dich führt.

VERBRINGE ZEIT MIT GOTT UND HÖRE IHM ZU.

Was tut Gott in Bezug auf … [füge hier ein Thema ein, das dir sehr wichtig ist]? Nun, es scheint so, als hätte er dieses Thema dir ziemlich ans Herz gelegt. Es könnte also sein, dass du bei dem, was er tun will, auch eine Rolle spielst.

Verbringe Zeit mit Gott und höre ihm zu. Wenn du dann seine Führung erkennst, antworte.

Gott will dich gebrauchen. Jetzt. Heute. Aber zuerst musst du ihm deinen Becher hinhalten und empfangen.

GOTT WILL DICH GEBRAUCHEN. JETZT. HEUTE.
ABER ZUERST MUSST DU IHM DEINEN BECHER
HINHALTEN UND EMPFANGEN.

Wenn etwas aus deinem Becher auf andere überfließen soll, musst du zuerst gefüllt werden. Das lebendige Wasser ist eben lebendig und soll durch dich hindurchfließen und überströmen, und das ist nur möglich, wenn es dich füllt. Und das braucht bewusst eingeplante Zeit mit Gott.

Wusstest du, dass das Tote Meer seinen Namen erhielt, weil es Zuflüsse hat, die hineinfließen, aber nichts herausströmt und in dieser Umgebung nichts leben kann? Es ist ein Ort, an dem alles stirbt. So soll es uns nicht ergehen. Was von Gott in uns hineinfließt, soll zu anderen hinausströmen. Wir müssen Kanäle des Lebens sein, damit wir nicht umsonst leben.

Gott erfüllt uns, damit wir wahres Leben erfahren, das dann weiterströmt zu anderen, die es ebenfalls brauchen, dass er zu ihrer Quelle wird und ihren Becher füllt.

Und jetzt?

Wenn du bereit bist, deinen Platz in Gottes Plänen einzunehmen, dich von ihm füllen zu lassen, damit Leben von dir auf andere überfließen kann, dann fang genau da an, wo du bist. Natürlich, wo sonst – Gott wird dir nicht irgendwo begegnen, wo du nicht bist.

GOTT, DIE QUELLE DES LEBENS, WIRD DICH MIT GENAU DEM FÜLLEN, WAS DU BRAUCHST, DAMIT DU SEIN LEBENDIGES WASSER IN EINE DURSTIGE WELT SPRUDELN LASSEN KANNST.

Leg dieses Buch weg und richte deinen Becher so aus, dass er direkt von oben gefüllt werden kann. Gott, die Quelle des Lebens, wird dich mit genau dem füllen, was du brauchst, damit du sein lebendiges Wasser in eine durstige Welt sprudeln lassen kannst.

Komm zu Gott. Halte ihm deinen Becher hin. Lass dich immer wieder auf die Beziehung zu ihm ein.

Wenn du im überfließenden Leben aus Gott lebst, musst du nicht die Last tragen, interessant sein zu wollen – du kannst dich für andere interessieren. Denn du hast die Gewissheit, dass sein Interesse dir gilt.

Versuch es heute. Bete, bevor du einen Raum betrittst, in dem du mit Menschen zu tun haben wirst. Denk daran: Gott liegt etwas an der Beziehung zu dir. Wenn du von ihm empfangen hast, lass es weiterfließen. Interessiere dich für andere. Es ist ziemlich revolutionär, wenn wir davon frei werden, nur mit uns selbst beschäftigt zu sein – selbstlos … dein Selbst los.

Bei mir brauchte es so viele Jahre zu erkennen, wie dumm es ist, so viel Zeit mit dem Bemühen zu verbringen, meinen Becher von anderen Menschen füllen zu lassen. Im Grunde ist es wirklich lächerlich, wenn wir versuchen, unsere Schuld und Scham abzubauen, indem wir mit Steinen auf dem Rücken einen Hügel rauf- und runterrennen.

SOGAR DIE SINNLOSIGKEIT UNSERER VERGANGENEN BEMÜHUNGEN UND DIE ERBÄRMLICHKEIT UNSERER FRÜHEREN ENTSCHEIDUNGEN KÖNNEN GENUTZT WERDEN UND ANDEREN ZUGUTEKOMMEN.

Aber jetzt kommt das Beste: Sogar die Sinnlosigkeit unserer vergangenen Bemühungen und die Erbärmlichkeit unserer früheren Entscheidungen können genutzt werden und anderen zugutekommen. Wir müssen ihnen vielleicht den Weg verstellen und sie an den Schultern packen, um sie aus ihrer Trance zu reißen. Aber wenn wir ihre Aufmerksamkeit gewinnen und sie durch liebevolle Fragen zu einer eigenen Begegnung mit Jesus führen können, dann haben sie alles, was sie brauchen.

Die Rolle, die wir in Gottes großer Geschichte spielen, ist nicht die Hauptrolle, aber sie ist bedeutsam. Nichts ist verschwendet. Alles ist zu seiner Ehre für immer und ewig. Amen.

Anmerkungen

1 »Theodore Roosevelt«, GoodReads.com, aufgerufen am 30. 06. 2023, www.goodreads.com/author/quotes/44 567.Theodore_Roosevelt?page=3.

2 Ich fange an, weil die Leitenden sich nie als Ausnahme betrachten sollten. Nur weil sie es können, heißt das nicht, dass sie es tun sollten.

3 C. S. Lewis, Dienstanweisung an einen Unterteufel, Freiburg: Herder, 1975, 107. Hinweis: Das letzte Wort des Zitats lautet »Sprachreform« und wurde hier durch »Rechtschreibreform« ersetzt.

4 In der deutschen Bibelübersetzung heißt es wörtlich: »Bitte, gib mir zu trinken.«

5 Jesus war der siebte Mann im Leben dieser Frau. Die Zahl sieben ist in der Bibel bedeutsam, weil sie für Vollständigkeit und Vollkommenheit steht.